MANUAL DE LOS
SACRAMENTOS
PARA LOS CATÓLICOS DE HOY

POR
CLAUDIO M. BURGALETA, SJ

LIBROS
LIGUORI

Imprimi Potest:
Thomas R. Slon, SJ
Provincial de la Provincia de Nueva York
Los Jesuitas

Publicado por Libros Liguori
Liguori, MO 63057-9999
Para hacer pedidos llame al 800-325-9521.
www.liguori.org

Library of Congress Cataloging-in-Publication Data

Burgaleta, Claudio M.
    Manual de los sacramentos para los católicos de hoy / por Claudio M. Burgaleta.
        p. cm.
    ISBN 978-0-7648-2745-7
    1. Church—History of doctrines. 2. Catholic Church—Doctrines. I. Title.
    BX1746.B855 2012
    230'.2—dc23

2011022557

Las citas bíblicas son de *La Biblia Latinoamericana: Edición Pastoral* (Madrid: San Pablo, 2005). Usado con permiso.

Traducción al español del *Catecismo de la Iglesia Católica: Modificaciones basadas en la Editio Typica,* © 1997, United States Catholic Conference, Inc.— Libreria Editrice Vaticana. Usado con permiso.

Libros Liguori, una corporación sin fines de lucro, es un apostolado de los Padres y Hermanos Redentoristas. Para más información, visite Redemptorists.com.

Impreso en Estados Unidos de América
15 14 13 12 11 / 5 4 3 2 1

Para el Papa Francisco, primer obispo de Roma latinoamericano y jesuita, que con sus palabras y gestos comunica una sacramentalidad cristocéntrica de humildad, misericordia y cercanía, con admiración y la oración para un largo y fructífero ministerio petrino caracterizado por los carismas de san Francisco de Asís y san Ignacio de Loyola.

CONTENIDO

SEGUNDA PARTE:
LOS SACRAMENTOS DE LA CURACIÓN

INTRODUCCIÓN

Saludos

Este manual es una introducción a la rama de la teología que se especializa en investigar y entender la naturaleza y la celebración de los sacramentos. En la tradición teológica católica, la definición de la teología que más frecuentemente se ha utilizado es una frase latina del siglo XI de san Anselmo de Canterbury, *fides quaerens intellectum*. Esa frase se ha traducido de diversas maneras: fe que busca hacerse inteligible, reflexión crítica acerca de la fe, dar razón de la fe, explicar la fe de manera que tenga sentido para el presente. Todas estas interpretaciones de la frase famosa de san Anselmo tienen en común algo muy nuestro en cuanto católicos: la relación mutuamente esclarecedora entre fe y razón, ambos dones de Dios, aunque diferentes una de la otra. La teología pues es la reflexión sobre la fe, la revelación o la verdad que Dios nos ha dado acerca de sí mismo, especialmente en Jesucristo, la revelación perfecta de quién es Dios.

En la teología hay dos enfoques que se siguen para los estudios de los sacramentos. Uno es tratado por *la teología sacramental* que estudia cuestiones teológicas sobre la naturaleza de los sacramentos y controversias relacionadas con estas a lo largo de la historia. El segundo enfoque acerca de los sacramentos lo trata *la teología litúrgica* que se preocupa por los significados profundos que los sacramentos comunican a través de su celebración, o sea, mira a los ritos, oraciones, símbolos y gestos sacramentales que forman parte de las celebraciones litúrgicas de los sacramentos y que la teología sacramental con su preocupación por las verdades comunicadas en conceptos e ideas acerca de los sacramentos ha descuidado en el pasado. Claro que la división entre estas dos ramas de la teología que se preocupan por los sacramentos no es tan nítida como para que una excluya las perspectivas correspondientes de la otra. Sin embargo, hay una diferencia verdadera entre ambas, misma que veremos a lo largo de este libro: la teología sacramental se ocupa de temas doctrinales acerca de los sacramentos y la teología litúrgica se enfoca más en los sacramentos en cuanto oración del pueblo de Dios.

Metas

Pero, ¿por qué un libro acerca de los sacramentos para laicos? ¿No es mejor dejar estos temas complicados para los sacerdotes y religiosas? ¿Qué puede aportarte como discípulo saber algo acerca de los sacramentos? ¿No basta con leer los Evangelios y el *Catecismo de la Iglesia Católica*? Contrario a lo que se podría pensar, el entendimiento de los sacramentos puede aportarte mucho: desde un entendimiento más profundo de cómo Jesucristo se te acerca a través de los sacramentos, hasta una manera en que los sacramentos puedan celebrarse como oración que le hable a los desafíos y corazones. No hay que saber de teología sacramental o litúrgica para salvarse o ser buen cristiano, sin embargo, una sólida formación litúrgica y sacramental ayuda tanto para nuestro enriquecimiento propio como para nuestra preparación a fin de cumplir con la misión principal de la Iglesia: evangelizar, comunicar ese gran regalo de la fe cristiana que hemos recibido de Dios en Cristo Jesús y que queremos compartir con otros que no lo conocen.

El Papa Francisco siendo arzobispo de Buenos Aires se

preocupó por la pastoral sacramental de su arquidiócesis enfatizando que tenía que ser cercana, como la de Jesús, y evitar tanto un clericalismo hipócrita como el contaminarse con el espíritu del mundo. En particular, tuvo palabras duras para con algunos de los sacerdotes de Buenos Aires que se negaban bautizar a los hijos e hijas de madres solteras.[1] Más recientemente, durante el rezo de la *Regina caeli* el lunes después de la Pascua de 2013, explicó la importancia y el poder de los sacramentos unidos al poder de la muerte y resurrección de Jesucristo:

Es verdad. Sí; el Bautismo que nos hace hijos de Dios, la Eucaristía que nos une a Cristo, tienen que llegar a ser vida, es decir, traducirse en actitudes, comportamientos, gestos, opciones. La gracia contenida en los Sacramentos pascuales es un potencial de renovación enorme para la existencia personal, para la vida de las familias, para las relaciones sociales. Pero todo esto pasa a través del corazón humano: si yo me dejo alcanzar por la gracia de Cristo resucitado, si le permito cambiarme en ese aspecto mío que no es bueno, que puede hacerme mal a mí y a los demás, permito que la victoria de Cristo se afirme en mi vida, que se ensanche su acción benéfica. ¡Este es el poder de la gracia! Sin la gracia no podemos hacer nada. ¡Sin la gracia no podemos hacer nada! Y con la gracia del Bautismo y de la Comunión eucarística puedo llegar a ser instrumento de la misericordia de Dios, de la bella misericordia de Dios.

Expresar en la vida el sacramento que hemos recibido: he aquí, queridos hermanos y hermanas, nuestro

---

1 Homilía de Jorge Mario Cardenal Bergoglio, S.J., arzobispo emérito de Buenos Aires y actualmente el Papa Francisco, en la ocasión de la Misa de clausura del encuentro 2012 de la pastoral urbana de la región de Buenos Aires, 2 de septiembre de 2012, http://www.arzbaires.org.ar/inicio/homilias.html.

compromiso cotidiano, pero diría también nuestra alegría cotidiana. La alegría de sentirse instrumentos de la gracia de Cristo, como sarmientos de la vid que es Él mismo, animados por la savia de su Espíritu.[2]

Siguiendo esas líneas pastorales de cercanía, misericordia y profunda espiritualidad sacramental del Santo Padre, queremos con este librito proporcionarte una introducción básica a los sacramentos. Esperamos que ese conocimiento te ayude a crecer en amor y amistad para con Nuestro Señor Jesucristo que con sus palabras y gestos de salvación quiso dejarnos lo que la Iglesia celebra en los sacramentos. Ojalá que también florezca tu deseo de compartir esa vida sacramental con el mundo que tanta necesidad tiene de conocer y experimentar, por obra del Espíritu Santo a través de palabra y símbolos, la amistad, la misericordia y el poder para el bien que Él nos ofrece.

Enfoque

Este manual de los sacramentos seguirá un enfoque Bíblico-histórico-sistemático-pastoral. Ciertamente no es la única manera de tratar el tema, pero creo que ofrece el marco de referencia más amplio para ubicar la búsqueda teológica y pastoral acerca de los sacramentos de la Iglesia que tienen su fundación en la vida y misión de Jesucristo. Por enfoque Bíblico-histórico-sistemático-pastoral lo que quiero decir es que se tratará de un enfoque de las preguntas sobre la naturaleza y celebración de los sacramentos desde la perspectiva de la teología sacramental y de la teología litúrgica. Inspirada por la visión del Segundo Concilio Vaticano que aconseja que la

---

2 Palabras del Papa Francisco en la *Regina caeli,* lunes de Pascua, 1ero de abril, 2013, Ciudad del Vaticano. http://www.vatican.va/holy_father/francesco/angelus/2013/documents/papa-francesco_regina-coeli_20130401_lunedi-angelo_sp.html.

palabra de Dios sea el corazón de toda teología católica, nuestra exploración de cada uno de los sacramentos comenzará con el testimonio bíblico acerca de los mismos.

También debo mencionar un principio muy antiguo de la teología que guiará nuestro estudio: *lex orandi lex credendi.* Esta frase en latín puede traducirse como que la regla o ley de la oración determina, informa o esclarece la ley o regla de fe. Esto significa que, desde muy temprano en la historia de la Iglesia, antes de los primeros concilios o incluso antes de que se fijaran los libros que componen la Biblia, se oraba en comunidad; existía la liturgia. Y la liturgia era entendida como un depósito de la fe de la Iglesia en forma de culto. Incluso la práctica litúrgica de la Iglesia ayudó en ciertos momentos a expresar la enseñanza doctrinal de la Iglesia porque lo que se celebraba en la liturgia era lo que la comunidad cristiana creía. Por todo lo anterior, el estudio de la liturgia de la Iglesia resulta ser un verdadero y muy importante estudio teológico para entender su doctrina.

Organización

El libro está organizado en tres partes que corresponden a los *sacramentos de la iniciación cristiana* (*Bautismo, Eucaristía, Confirmación*), *los sacramentos de curación* (*Reconciliación y Unción de los Enfermos*) y *los sacramentos al servicio de la comunidad* (*Orden y Matrimonio*). Cada sacramento será abordado en un capítulo diferente que tratará los orígenes bíblicos del sacramento tanto en las Escrituras Hebreas o Antiguo Testamento como en la vida y misión de Jesucristo, la historia del sacramento a lo largo de la historia y la manera en que se celebra hoy, atendiendo también a algunas preguntas pastorales que surgen de su celebración. Precediendo a estos capítulos acerca de cada uno de los sacramentos está el primer capítulo sobre *la sacramentalidad,* la idea de que todo lo creado por Dios da testimonio de su Creador y puede servir como un instrumento y puerta para encontrarse y unirse con ese Creador invisible. En este sentido el sacramento principal de Dios es Jesucristo quien nos revela a Dios Padre y Creador de la manera más completa y fructífera. Cada capítulo concluye con algunas preguntas para ayudarte a reflexionar en lo que has leído. Asimismo, al final del libro encontrarás una lista breve de términos clave que aparecen en el texto a fin de que puedas consultarlos fácilmente. Por último, te proveemos una bibliografía selecta de documentos magistrales y libros sobre la teología sacramental y litúrgica que puedes consultar para seguir profundizando en este campo tan fascinante.

1
LA SACRAMENTALIDAD

Introducción

Este primer capítulo comienza de una manera muy genérica y abstracta, el hambre que los seres humanos tienen de Dios, y termina con algo muy nuestro, el catolicismo popular hispano. Uniendo esos dos fenómenos se encuentra la sacramentalidad, o la capacidad de que lo creado por Dios sirva como ventana o puerta a su Creador, tal y como lo diría el teólogo norteamericano Joseph Martos. También veremos con más detalle lo que constituye el corazón y lo especial de la sacramentalidad cristiana. O sea, *el Misterio Pascual*, la relación de los sacramentos con la vida, muerte y resurrección de Jesucristo, es lo que hace a los sacramentos de la Iglesia instrumentos diferentes y eficaces de gracia para los creyentes. Finalmente, consideramos la manera en que esa sacramentalidad cristiana se experimenta de forma más cotidiana en la Iglesia, en otras palabras, nos referimos a las celebraciones litúrgicas, sus características teológicas y sus elementos estructurales.

Los seres humanos y el hambre de Dios

Pasearse por cualquier gran ciudad del mundo es encontrarse con una multitud de seres humanos que profesan y practican una gran variedad de religiones. ¿A qué se debe esa gran variedad religiosa y litúrgica? Muchos filósofos y sociólogos de la religión concluyen que se debe a que, por nuestra propia naturaleza, los seres humanos tenemos una necesidad de expresar, a través de diversos símbolos y ritos, el hambre y la sed que sentimos por lo infinito, por lo sagrado, por Dios. No nos sentimos completos hasta que no conectamos con esa dimensión infinita que creemos existe y desborda nuestras capacidades físicas e intelectuales. Incluso los que rechazan la religión como tal, con frecuencia se identifican como espirituales. El canto gregoriano de la liturgia católica antigua se ha vuelto popular entre los grupos de tendencia espiritualista, e incluso se ha llegado a escuchar en alguno que otro club nocturno de esparcimiento debido a su efecto que ayuda a transportarnos a esa dimensión infinita que tanto deseamos y que nos da una paz que el mundo no puede darnos. Dicho de otra manera y siguiendo el pensamiento del gran teólogo cristiano, san Agustín, podríamos decir que los seres humanos no encontramos paz hasta que no logramos comunicarnos de alguna forma con nuestro creador. Estamos creados por y para Dios y hasta que no lo encontremos, no logramos sentirnos bien y en paz con nosotros mismos y con el universo.

Sin embargo, para nosotros los cristianos, el hambre que los seres humanos sienten por Dios no es la única manera que tenemos para relacionarnos con Él. Nosotros creemos en *la Revelación*, creemos que, a lo largo de la historia, Dios ha entrado en comunicación con los seres humanos. En otras palabras, Dios se comunica a sí mismo en la historia a través de la gracia y de su palabra inspirada. Percibimos su presencia a través de diferentes mediaciones creadas. Cristo es la revelación resplandeciente de Dios. Él es por excelencia el mediador de la revelación de Dios. Aunque Dios se ha revelado de una manera verdadera en la naturaleza y en la historia de Israel, dicha revelación ha sido válida pero incompleta. En efecto, Cristo es la Revelación plena de Dios.

Nuestro Señor se reveló por medio de palabras, obras, signos, milagros y especialmente en el Misterio Pascual de su vida, pasión, muerte y resurrección. A través de sus apóstoles y de sus sucesores, y con la ayuda del Espíritu Santo, Jesucristo mandó predicar el Evangelio y continuar su misión por todo el mundo. Parte de esa misión fue continuar sus obras que proclaman la llegada del Reino de Dios mismo, que Él inauguró. A través de la celebración de los sacramentos, la Iglesia continúa la obra santificadora de su maestro que culminó en el Misterio Pascual —su vida, pasión, muerte y resurrección redentora—. Esa redención en Cristo que se nos comunica —a quienes creemos en él— incomparable y resplandecientemente que Dios está con nosotros para hacernos su pueblo santo, para librarnos del pecado y para resucitarnos a la vida eterna.

Tanto el deseo natural que los seres humanos tienen de encontrarse con Dios, la expresión de esto a través de todo tipo de ritos religiosos como los signos que Jesús empleó en su ministerio para proclamar el Reino de Dios —elementos todos estos que forman el fundamento de los sacramentos de la Iglesia— nos llevan a encontrarnos con el fenómeno que los teólogos llaman la sacramentalidad. La sacramentalidad es la capacidad que tiene lo creado de servir como camino hacia lo infinito y sagrado. Sin embargo, la sacramentalidad no explica del todo el significado profundo y la razón por la cual nosotros los cristianos creemos que los sacramentos de la Iglesia implican signos y símbolos verdaderamente sagrados e instrumentos eficaces para unirnos con Dios. Para entender el poder de los sacramentos de la Iglesia, tenemos que referirnos a Jesucristo. Ya que no importa cuán nobles sean los deseos humanos para encontrar a Dios, sin su ayuda e iniciativa, no alcanzaremos a unirnos a Dios con nuestros solos esfuerzos e iniciativas de manera que estos aprovechen para la salvación. Esa ayuda definitiva y salvífica de Dios para unirnos a Él tiene nombre. Es una persona: Jesucristo. Jesucristo es el verdadero sacramento que, por la fe y la acción de su Espíritu, nos une de manera definitiva y eficaz con Dios. Solamente Jesucristo, de quien afirmamos por la fe que es Dios hecho hombre, es realmente santo, inmaculado y capaz de ofrecernos, por medio de su Espíritu y de la fe en Él, el camino seguro al Padre.

Jesucristo, sacramento de Dios

La palabra *"sacramento"* o *sacramentum* en latín corresponde a la palabra griega *mysterion,* "misterio". El término m*ysterion* expresa esas realidades materiales que representan una realidad celestial. Las Escrituras Hebreas no hablan mucho de esos misterios, porque para los hebreos el misterio principal se centraba en las acciones salvadoras de Dios en la historia, en particular el éxodo, su liberación de la esclavitud en Egipto (Sab 6:22). El profeta Daniel también se refiere a un misterio que será revelado por Dios al final de los tiempos (Dan 2:28, 47).

En las Escrituras Cristianas encontramos varios significados de *mysterion.* San Pablo habla de Jesús como el *mysterion* que revela la voluntad divina empeñada en salvar a todos y en el que todo otro misterio queda restaurado. Estas también expresan que ese misterio se encuentra dentro de todo aquel que cree (1 Cor 2: 7-10, Rom 16: 25-26, Col 1: 26-27 y 4:3, Ef 1: 9-10 y 3:3-12, 1 Tim 3:16). En los Sinópticos, *mysterion* se refiere a los secretos del Reino de Dios que Jesús revela a través de sus parábolas o cuentos (Mt 13:11, Mc 4:11, Lc 8:10). Aunque los ritos del Bautismo y la Eucaristía eran centrales a la fe y vida espiritual de la Iglesia primitiva, entonces no se llamaban sacramentos o misterios, sino que simplemente la gente se refería a ellos por su nombre.

Siguiendo la enseñanza de san Pablo que entiende a Jesucristo como el misterio central de la fe cristiana, teólogos contemporáneos del siglo pasado comenzaron a hablar de Cristo como el sacramento central que nos revela el amor de Dios para con el mundo. Edward Schillebeeckx, O.P. (1914-2009), teólogo holandés, entiende a los siete sacramentos que la Iglesia celebra hoy como manifestaciones y especificaciones de Jesucristo, el sacramento original. Por su parte, Karl Rahner, S.J. (1904-1984), teólogo alemán, pensaba que la Iglesia es el sacramento fundamental que nos facilita la participación en la redención de Cristo. Según Rahner la sacramentalidad de los sacramentos solo se entiende en función de la sacramentalidad de la Iglesia ya que Jesús no instituyó los siete sacramentos, en el sentido de que él no nos legó específicamente los ritos que hoy celebramos. Los sacramentos fueron instituidos por Cristo en el sentido de que, a lo largo de la historia de la Iglesia, ella reflexionó en la práctica de Cristo y determinó los siete ritos que hoy celebramos como sacramentos o signos eficaces que hacen presente la gracia y que tiene su origen en el ministerio de Jesús. Tanto Schillebeeckx como Rahner asistieron al Segundo Concilio Vaticano (1962-1965) de Roma como consultores teológicos de los obispos allí reunidos. Y su pensamiento sacramental influyó en los obispos del Concilio de tal manera que estos presentaron la fe católica de una manera que tuviese más resonancia con el mundo contemporáneo. En dos de sus documentos más importantes sobre la naturaleza de la Iglesia (*Lumen Gentium* 1, 9, 48) y su misión en el mundo contemporáneo (*Gaudium et Spes* 42, 45), el Concilio habló de la Iglesia como sacramento de Cristo en el mundo, de salvación y de unidad. Por tanto, utilizando el concepto de sacramento e inspirándonos en el pensamiento de San Pablo, el Vaticano II y la fe de la Iglesia, podríamos decir que Jesucristo es el sacramento de Dios, que la Iglesia es sacramento de Jesucristo en el mundo y que la Eucaristía es el sacramento por excelencia de la Iglesia.

La liturgia cristiana

Como hemos visto más arriba, la sacramentalidad se extiende a una gran variedad de lugares, objetos, ceremonias e incluso personas. Sin embargo, para los cristianos, Jesucristo y aquellos lugares, personas, ceremonias y objetos asociados con él, y en particular su vida, muerte y resurrección, disfrutan de un grado superior de sacramentalidad. Esto se debe a la identidad única de Jesús como segunda persona de la Trinidad y su vida, muerte y resurrección, el Misterio Pascual, como el evento central y determinante de nuestra redención. Por lo tanto, aquellos objetos y ceremonias que nos recuerdan y unen a ese evento salvífico son considerados sagrados y cargados de un grado muy especial de sacramentalidad superior al de cualquier otra mediación sacramental. Las ceremonias oficiales o actos de oración públicos de la Iglesia que honran y recuerdan al Misterio Pascual son conocidas por los cristianos como liturgias.

La liturgia es el culto público y oficial de la Iglesia. Es oficial en cuanto que está autorizada y en comunión con el obispo diocesano, es público en cuanto que es la reunión de una asamblea de creyentes, y es culto en cuanto que es oración. Aunque originalmente la palabra griega *leitourgia* no tenía un significado religioso y se refería a cualquier tipo de obra pública para el bien común, la comunidad cristiana llegó a entender la liturgia como la oración pública de la Iglesia. En las Iglesias católicas orientales, la liturgia se identifica con la Eucaristía, pero en occidente incluye muchos tipos de oración, por ejemplo:

- Los siete sacramentos
- Los ritos para la instalación de acólitos y lectores
- El rito para los moribundos
- La liturgia de las horas

- El rito de profesión religiosa
- Las múltiples bendiciones en el libro o ritual de bendiciones
- El rito para la dedicación de una Iglesia

Sin embargo, entre las varias formas de oración pública que la Iglesia en occidente celebra, la Eucaristía ocupa un lugar central y de honor sin paralelo. La fe católica considera que la salvación está íntimamente relacionada con la Eucaristía porque esta es el memorial del Misterio Pascual. Ese Misterio Pascual es lo que la Iglesia proclama y celebra en su culto público y enseña como el modelo de la vida cristiana. La liturgia eucarística es por excelencia la ofrenda permanente y el acto de adoración de Jesucristo al Padre. Él la instituyó la noche de su Última Cena y la realizó con su sacrificio amoroso en el Calvario. Toda otra forma de asamblea litúrgica funge como anticipación o extensión de la asamblea eucarística.

Además de su relación con el sacrificio de amor y adoración que es el Misterio Pascual, las liturgias tienen otras características teológicas importantes. Las liturgias son trinitarias porque de diversa manera se van expresando las relaciones entre Jesús, el Padre y el Espíritu Santo, Dios uno y trino en las oraciones y lecturas empleadas y proclamadas. Las liturgias invocan la asistencia de las tres personas de la Trinidad, especialmente del Espíritu Santo bajo cuya influencia toda la acción litúrgica está dirigida. Las liturgias son actos eclesiales porque presentan a la Iglesia como una comunión ordenada (jerárquica) de bautizados. Hay roles u oficios que están ordenados al servicio de la asamblea, por ejemplo, el presidente o celebrante principal de la liturgia (obispo, presbítero, diácono), el lector o la lectora, los ministros de la música, de la hospitalidad, extraordinarios de la Santa Comunión, acólitos, etc.

La liturgia es sacramental porque a través de signos, palabras y gestos simbólicos y repetibles participamos por la gracia en la realidad última que es la vida eterna que nos proporciona el Misterio Pascual. La liturgia es escatológica en tanto que invoca al Espíritu Santo para que traiga la salvación a todos los pueblos al final de los tiempos. Nos recuerda que toda manifestación del Reino de los Cielos depende de la gracia de Dios y no solamente de nuestros méritos y esfuerzos. Sin embargo, esa vida eterna que no caduca no está postergada para un tiempo y dimensión futura, sino que comienza ya en esta vida, inaugurada por Jesucristo. Dicho de otra manera, la fe y la liturgia que la expresa tienen una dimensión ética. La liturgia nos envía a servir a Dios y a nuestros hermanos, confirmándonos en la fe, fortaleciéndonos en la esperanza y renovándonos en el poder del amor del Misterio Pascual. La liturgia nos anima a ser un pueblo santo que es luz en la oscuridad, levadura y sal para el mundo, a través de nuestra solidaridad con los más necesitados y testimonio de vida evangélica.

Aparte de las características teológicas de la liturgia que acabamos de mencionar, también pueden señalarse ciertos elementos permanentes o estructurales de la oración litúrgica. Ya hemos hablado que la oración litúrgica ocurre en el contexto de una asamblea pública de creyentes y en un espacio litúrgico, usualmente el templo. En ese espacio sagrado que ha sido consagrado para el culto cristiano se puede identificar el presbiterio donde el presidente y sus ayudantes se ubican en torno el altar de la celebración eucarística y el ambón desde donde se proclama la palabra de Dios. Todas las liturgias contienen la proclamación de la palabra de Dios que incluye lecturas tanto de las Escrituras Hebreas como la del Nuevo Testamento. El procedimiento del rito celebrado en la liturgia suele incluirse en textos aprobados por la Santa Sede. Estos textos rituales son acompañados por el uso de objetos sagrados (por ejemplo, el cáliz y la patena, el incensario, la cruz procesional), oraciones (por ejemplo, la Gloria, el Señor ten piedad, el Padre Nuestro), aclamaciones (por ejemplo, el Aleluya, el Santo, santo, santo, el Señor mío y Dios mío), el Credo o la profesión de fe. También se emplean varios gestos, posturas y movimientos simbólicos que ayudan a incorporar a toda la persona y sus sentidos en la oración litúrgica (por ejemplo, arrodillarse, ponerse de pie, sentarse, procesar, postrarse, etc.). El uso de arte y música sagrada son importantísimos para crear un ambiente de oración y ayudar a la asamblea a rendirle un culto y adoración alegre y reverente a Dios. Como nos recuerda san Agustín, el que canta ora dos veces.

La vida, muerte y resurrección de Jesucristo se recuerda y celebra litúrgicamente en la Iglesia a lo largo de un año que no corresponde exactamente con el calendario civil. *El año litúrgico* de la Iglesia está dividido en temporadas que celebran diferentes aspectos del Misterio Pascual. Comienza a finales de noviembre todos los años con el Adviento, o cuatro semanas de preparación para la Navidad.

Sus temporadas principales son las siguientes:

Las temporadas del año litúrgico	Correspondencia con el calendario civil	Colores de los vestimentos litúrgicos
El Adviento	Finales de noviembre y diciembre	Púrpura y rosa (III Domingo de Adviento o *Gaudete*)
La Navidad	Diciembre y enero	Blanco
La primera etapa del Tiempo Ordinario	Enero y febrero	Verde
La Cuaresma	Febrero, marzo y abril, según el año	Púrpura, rosa (IV Domingo de Cuaresma o *Laetare*), rojo (Domingo de Ramos)
El Triduo Pascual	Marzo o abril, según el año	Blanco y rojo (Viernes Santo)
El Tiempo Pascual	Marzo, abril y mayo, según el año	Blanco y rojo (Domingo de Pentecostés)
La Segunda Etapa del Tiempo Ordinario	Junio a noviembre	Verde

La fiesta principal de cada temporada es el domingo, llamado el Día del Señor, porque es cuando la comunidad cristiana se junta, al comienzo de la semana, para celebrar el Misterio Pascual; este es el día en que recordamos y damos gracias por la Resurrección. También encontramos otras fiestas del Señor y de Santa María, su madre y nuestra madre, que expresan diferentes aspectos del Misterio Pascual, por ejemplo, su bautismo y presentación en el Templo, su transfiguración, su ascensión, la presentación en el templo de Nuestra Señora, su asunción.

En el ciclo santoral se recuerda a santos, mártires y beatos porque sus vidas y muertes son reconocidas por la Iglesia como profundos ejemplos de amistad y comunión con Jesucristo.

Las celebraciones de los santos tienen diferentes grados de importancia o solemnidad, por ejemplos algunas celebraciones son denominadas *solemnidades* (las más sagradas e importantes), otras son llamadas *fiestas* y las celebraciones opcionales que suelen ser observadas regionalmente y no universalmente por la Iglesia se llaman *memorias*. Según el grado de solemnidad de la celebración, se incorporan ciertos elementos fijos u oraciones importantes durante los ritos, por ejemplo, las solemnidades incorporan el Gloria, la profesión de fe y ornamentos blancos. Las celebraciones litúrgicas de los mártires son acompañadas por los ornamentos rojos.

Los latinos y la sacramentalidad

Hemos estado considerando la importancia de la vida litúrgica en la fe cristiana. De la mano de las liturgias oficiales de la Iglesia hay otra forma de oración cristiana muy común entre nosotros los hispanos que también demuestra la sacramentalidad pascual. Me refiero a la religiosidad popular o catolicismo popular que tanto caracteriza la fe de los hispanos. En estricto sentido los elementos de la religiosidad popular como devociones a los santos, medallas, procesiones, etc. no son liturgias oficiales o sacramentos de la Iglesia. Pero el catolicismo popular si es reconocido por la Iglesia como una serie de sacramentales. O sea, signos o acciones sagradas por medio de los cuales se reciben efectos espirituales y nos remiten a los sacramentos y al Misterio Pascual.

El catolicismo popular es una expresión cultural de la fe de un pueblo e incluye una variedad de prácticas religiosas personales y comunitarias. Mark Francis, C.S.V., un teólogo litúrgico norteamericano, observaba que hay ciertas diferencias entre el catolicismo popular latinoamericano y las devociones norteamericanas y del norte de Europa. El primero es más aural, comunitario y administrado por laicos, mientras que el último es más alfabetizado, individualista y clerical. Una característica de la religiosidad popular latinoamericana consiste en el sentido místico profundo o la espiritualidad cósmica que percibe tanto la trascendencia como la inmanencia de Dios. Un Dios que lo supera todo y, a la vez, está íntimamente presente aquí y ahora.

El catolicismo popular nació de esfuerzos de evangelización medievales y fue traído a las Américas por sus primeros evangelizadores. Se enraizó y cobró importancia merced a la escasez de clero. Elementos que produjeron un catolicismo menos centrado en la parroquia y más en el hogar y en actos religiosos públicos, como las fiestas patronales que demostraban esa identidad religiosa y cultural. Mientras que el catolicismo popular es diferente de las liturgias oficiales de la Iglesia, guarda el respeto formal por ellas, bajo riesgo de enfatizar de más una posible y aguda separación. Por ejemplo, el sacramento del Bautismo juega un papel importantísimo en la religiosidad popular ya que se convierte en la ocasión y el medio para el rol importantísimo del padrino, quien, a través del rito, se incorpora a la familia latinoamericana extendida.

No solamente es el bautizado bienvenido a la familia de Dios a través del sacramento y se convierte en un miembro de la familia latinoamericana extendida, no solo se vuelve "uno de los nuestros", sino que además los padrinos forman parte de la misma familia extendida a través de la institución del compadrazgo y comadrazgo. El padrino y la madrina también son compadres y comadres, miembros especiales de la familia extendida con la obligación sagrada de apoyar la crianza de su ahijado o ahijada, y también con un especial lazo mutuo para con los padres del bautizado o bautizada, lazo que los hace casi parientes de sangre y miembros de la familia extendida.

Los padrinos ayudaran con los costos económicos asociados con el bautismo y la posterior fiesta, incluso cabe mencionar que, en ciertas culturas latinoamericanas son ellos quienes eligen el templo donde serán bautizados el niño o la niña. Asimismo, tienen el derecho de intervenir en la orientación de sus ahijados y la obligación de apoyarlos con todo tipo de ayuda a su alcance, incluyendo desde consejos correspondientes a sus relaciones de pareja hasta apoyo financiero. Los ahijados, por su parte, mantendrán también de por vida un lazo especial con sus padrinos. Los lazos creados entre padrino y ahijado se extenderán, a su vez, no solo a las familias nucleares correspondientes, sino incluso a sus familias entendidas en el sentido amplio de la palabra (tíos, primos, etc.) con raíces profundas que irán más allá de la ceremonia bautismal, penetrando los diversos aspectos de las vidas de los involucrados con esta suerte de "institución social y religiosa".

La religiosidad popular también aporta una dimensión profética, en cuanto que da testimonio de una alternativa basada en los Evangelios y que hace frente a los valores de la cultura dominante. Esta religiosidad a la que nos referimos afirma la dignidad de la vida humana y representa una manera de corregir el énfasis intelectualista del catolicismo, surgido después de la

Ilustración, matizándolo a través de una presentación poética y afectiva. En muchas partes de Latinoamérica la religiosidad popular se caracteriza por un mestizaje de tradiciones hispanas, amerindias y africanas que crea una nueva identidad religiosa y cultural. Sin embargo, la religiosidad popular debe purificarse de ciertos valores antievangélicos que, a veces, degeneran en un sincretismo, como la Santería y el Candomblé, existentes en el Caribe y en el Brasil. Hoy, la mayoría de obispos y teólogos hispanoamericanos de Estados Unidos perciben la religiosidad popular de una manera positiva, ya que expresa, de alguna manera, el *sensus fidelium,* o sea, la práctica del cristianismo llevada a cabo por sus creyentes. La religiosidad popular es considerada fuente privilegiada de reflexión teológica, a un grado similar al de las Escrituras o del magisterio episcopal *(locus theologicus).*

Conclusión

Hemos examinado en este capítulo el fenómeno humano, social y religioso de la sacramentalidad. Esa capacidad de lo creado de servir como puerta o ventana a su Creador, basado tanto en el hambre que los seres humanos tienen por lo infinito y la manera en que Dios ha empleado su creación a través de palabra y de obras para revelarse en la historia. La revelación más perfecta y completa de Dios para nosotros los cristianos es Jesucristo quien, al ser verdadero Dios y verdadero hombre, nos muestra la cara de Dios y cómo vivir una vida humana caracterizada por plenitud de caridad y solidaridad para con Dios y los demás seres humanos. Por esta razón nosotros los cristianos consideramos a Jesucristo como el sacramento por excelencia. A través de su vida, muerte y resurrección, Jesucristo se convierte en nuestro camino seguro hacia el Padre. Él representa y es el mediador eficaz de nuestra salvación, sin el cual la humanidad no tendría acceso directo y seguro a Dios. En los capítulos que siguen trataremos los siete sacramentos de la Iglesia y cómo por su relación al Misterio Pascual nos remiten a Jesucristo, el sacramento de Dios por excelencia, y nos proveen un camino cierto, bueno y bello de salvación y santificación.

Para comentar y reflexionar

¿Qué es la sacramentalidad y cómo la has experimentado fuera de la liturgia y de los sacramentos de la Iglesia?

¿Por qué hablamos de Jesucristo como sacramento de Dios y de la Iglesia como sacramento de Jesucristo?

¿Cuál es la relación entre el Misterio Pascual y la liturgia?

¿De las características teológicas de la oración litúrgica, cuál te parece más importante y por qué?

¿Qué experiencias de la religiosidad popular has practicado y en las que te has sentido unido profundamente con la vida, muerte y resurrección de Jesucristo? ¿Te ha ayudado tal experiencia religiosa relacionarte más con la liturgia y sacramentos de la Iglesia?

¿Has observado aspectos de la religiosidad popular que son contrarios al Evangelio? *¿Cómo podrían* corregirse?

2
EL BAUTISMO

Introducción

Habiendo considerado la sacramentalidad en general y la sacramentalidad cristiana, pasamos ahora a mirar detenidamente las mediaciones sagradas que la Iglesia le ofrece a los que creen en Jesucristo para unirse a su Misterio Pascual y así llevar una vida de santidad. En los próximos ocho capítulos consideraremos los sacramentos de la Iglesia, con su rica teología, sus ritos llenos de gestos y símbolos litúrgicos que expresan dicha doctrina, así como su larga y fascinante historia. Los primeros tres de estos sacramentos forman una unidad que se celebraba y aún se celebra en la Vigilia Pascual. Esta unidad que forman estos tres sacramentos se llama Sacramentos de la iniciación cristiana (el Bautismo, la Confirmación y la Eucaristía). Comenzamos pues con el Bautismo, sacramento de agua y del Espíritu que nos da una nueva vida en Cristo.

El Bautismo antes de Cristo y en el Nuevo Testamento

La palabra "bautismo" proviene de la raíz griega, *bapto*, que significa inmersión o mojar. Los ritos lavatorios eran comunes en el primer siglo después de Cristo. Eran ritos externos de purificación que realizaban lo que significaban, o sea, una muerte a la vida anterior y un renacer en una nueva comunidad. Los judíos tenían varios ritos purificadores, por ejemplo, el que las mujeres observaban, debido al estado de impureza en el que quedaban después del parto. Tenían también un bautizo para los que se convertían. En efecto, los judíos bautizaban (normalmente durante la Pascua Judía) a gentiles o paganos cuando culminaban una especie de catecumenado y hacían confesión de sus pecados. De acuerdo con dicho rito los catecúmenos eran bautizados en una corriente de agua y recibían nuevos nombres.

Los esenios del Qumrán, un grupo reformado del judaísmo contemporáneo a Jesús, tenían un catecumenado de tres años de duración y lo renovaban todos los años. Por su parte, Juan el Bautista impartía un rito de purificación en una corriente de agua y que simbolizaba la conversión (Mc 1:4-6). Jesús participó en este rito —a pesar de que no tenía que convertirse— con la intención de hacer visible el inicio de su misión y la relación espiritual con su primo (Mc 1: 9-11, Jn 1: 32-34).

El bautismo cristiano no existía como tal antes de la muerte y resurrección de Jesús. La referencia que hay en el evangelio de san Juan (3:22, 4:2) de unos seguidores de Jesús que bautizaban durante el apostolado de Jesús, parece aludir a un rito de purificación y no al sacramento del Bautismo como tal. San Pablo describe el bautismo cristiano como un paso o viaje transformador donde nos unimos a Cristo en la vida del Espíritu Santo (1 Cor 12: 12-13). En los Hechos de los Apóstoles (8:26-46) se describe ese viaje transformador a un etíope bautizado por Felipe como un ritual conformado de tres momentos: la proclamación de la palabra, la profesión de fe, y el bautismo.

En la carta a los Gálatas (6:6), San Pablo describe una relación especial entre *los catecúmenos* o los que van a ser bautizados y sus maestros, los catequistas. También menciona en la misma carta (Gál 3:27) que los bautizados reciben una vestidura especial que simboliza su nueva vida. En la carta a los Romanos (6:1) se menciona la inmersión durante el rito del bautismo, y en la carta a los Efesios (1:13) se habla de que son ungidos como parte de su iniciación.

El Bautismo en la historia de la Iglesia

Uno de los más antiguos y detallados documentos que tenemos de lo que era el Bautismo en la Iglesia primitiva se llama *la Tradición Apostólica de San Hipólito* y data del año 215 después de Cristo. San Hipólito fue un mártir de la Iglesia romana del siglo III d.C. El documento presenta un rito bien elaborado de la iniciación cristiana. Es interesante notar que advierte que no todos los que solicitan el Bautismo son admitidos debido al temor a la infiltración pagana y a la persecución del Imperio Romano. Por tanto, el candidato o la candidata eran presentados con su maestro o maestra en la fe, el equivalente a lo que llamaríamos hoy su catequista quien era un miembro respetado de la comunidad. Se interrogaba a los catecúmenos a fin de determinar sus intenciones y su estilo de vida antes de ser inscritos públicamente en el orden de catecúmenos o el grupo de los que habían sido aceptados para comenzar su preparación bautismal. Esa preparación era *un catecumenado* de tres años dónde se les enseñaba doctrina, espiritualidad y moral cristiana.

Los catecúmenos asistían a la liturgia de la palabra y después eran despedidos antes de la liturgia eucarística, para seguir su formación catequética aparte. En el primer domingo de Cuaresma antes de su bautismo, los catecúmenos entraban en un período especial de preparación y recibían el nombre de los *illuminandi* o los que iban a ser iluminados. Su bautizo se realizaba durante la Vigilia Pascual donde también eran sellados con el Espíritu Santo, lo que hoy llamamos el sacramento de la Confirmación o la crismación en las Iglesias orientales, y finalmente eran admitidos a la liturgia eucarística. Nótese que se recibían los tres sacramentos de la iniciación a la vez. Después de que el cristianismo se convierte en la religión oficial del Imperio Romano en el siglo IV d.C., la iniciación cristiana se hace más corta y menos rigorosa que la descrita arriba. A partir de la Edad Media, se verifica una cada vez menor iniciación de adultos y un incremento en el bautismo de niños.

El Vaticano II y el Bautismo

El Segundo Concilio Vaticano tuvo lugar de 1962 a 1965 en Roma y buscó presentar el depósito de la fe en unos ritos y un lenguaje más comprensible para el mundo moderno. Los obispos del Concilio se preocuparon por hablar del Bautismo en el documento sobre la liturgia, *Sacrosanctum Concilium* (64-70). El Vaticano II pidió tres reformas relacionadas con el Bautismo: un nuevo ritual para el bautismo infantil, un catecumenado para adultos y un nuevo ritual para el bautismo de los adultos.

En 1969 el Papa Pablo VI promulgó en nuevo ritual para el bautismo de niños, y en 1975 el *Rito de Iniciación Cristiana para los Adultos (RICA)*. Ambos ritos contienen tan profunda teología respecto del Bautismo y de los bautizados según la mente del Vaticano II, que vale la pena examinarlo detenidamente. Los nuevos ritos del bautismo recuerdan que por el Bautismo somos incorporados en el Cuerpo de Cristo e incorporados al Pueblo de Dios. El Bautismo perdona nuestros pecados y nos rescata del poder de la oscuridad. También nos ofrece la dignidad de los hijos adoptivos de Dios y por eso la fórmula del Bautismo es trinitaria: Te bautizo en el nombre del Padre, del Hijo, y del Espíritu Santo.

La nueva comunidad de creyentes a la cual pertenecemos por el Bautismo es llamada el sacerdocio común o de los fieles. Por el Bautismo pertenecemos a un pueblo santo de sacerdotes.

El Bautismo nos confiere un sello o carácter permanente que nos vincula de una manera especial con Cristo y la Iglesia. Así compartimos la triple identidad y misión de Cristo, profeta, sacerdote y rey. Esta es la esencia de la identidad y misión cristiana que nos reta a ser luz para el mundo, levadura para la masa, sal de la tierra. Este carácter nunca se pierde, aunque lo rechacemos posteriormente. Somos de Cristo y miembros de la Iglesia para siempre.

Una mistagogia del rito para el Bautismo de los niños

En la Iglesia de los inicios, igual que en el RICA actual, existía un período de instrucción espiritual después del Bautismo, dicho período era conocido como *la mistagogia*. Se trata del tiempo después de la Pascua y en el que los catequistas repasaban junto con los recién bautizados el significado espiritual de los ritos y de la vida cristiana que ya habían estudiado durante su catecumenado en la Cuaresma. En particular, se les explicaba el significado de las acciones y símbolos litúrgicos, y su relación con la vida en Cristo. En esta sección presentamos una mistagogia abreviada de los gestos y símbolos del rito para el Bautismo de los niños.

La señal de la cruz

Después de preguntar el nombre del catecúmeno a los padres y qué desean para su hijo o hija, se les pregunta a los padrinos si están dispuestos a ayudar a los padres en la tarea de enseñarle la fe al catecúmeno. Entonces todos hacen la señal de la cruz en la frente del catecúmeno. Llamar al catecúmeno por su nombre nos recuerda que Dios nos conoce y nos llama por nuestro nombre. Somos sus hijos queridos y somos preciosos a sus ojos. El signo de la cruz nos recuerda que pertenecemos a Cristo y que hemos sido redimidos por su muerte en la cruz. Los catecúmenos son bienvenidos a la comunidad cristiana, normalmente con un aplauso de parte de los presentes.

La palabra de Dios

Se proclama la Buena Nueva a fin de suscitar una respuesta de fe en los participantes. Después de la proclamación de la palabra sigue una homilía que explica el significado del Bautismo, sus gestos y símbolos, el significado de la nueva vida en Cristo y el importante papel que juegan los padres y padrinos en transmitir la fe a los catecúmenos tanto por la enseñanza como por su testimonio de vida. Después se hacen peticiones por el mundo y por los presentes, y se recita la letanía de los santos implorando la ayuda de la Iglesia triunfante en bien de los catecúmenos. La letanía nos recuerda que hemos sido iniciados en una familia o comunidad de fe, conformada por vivos y muertos que interceden por nosotros y que forman parte de la comunión escatológica que es la Iglesia.

Los exorcismos, la unción con el óleo de los catecúmenos y la imposición de manos

Estas tres acciones fortalecen, de diversas maneras, a los catecúmenos para la nueva vida que van a emprender en Cristo. Recuerdan también los milagros de que inauguraron el Reino de Dios predicado por Jesús. Los exorcismos simbolizan nuestra liberación del pecado y del diablo, su instigador, gracias al poder del Misterio Pascual. La unción y la imposición de manos subrayan simbólicamente la petición de ayuda. Los exorcismos, a su vez, subrayan la petición de la liberación del mal. La invocación al Espíritu Santo que acompaña a la imposición de las manos y la unción del óleo de salvación colaboran a la preparación inmediata del catecúmeno para recibir el Bautismo.

La preparación del agua bautismal

Con una oración especial (*la epíclesis*) se invoca al Espíritu Santo sobre el agua con una oración especial. Esta oración nos recuerda que el Espíritu Santo actuó a lo largo de la historia de la salvación, y también el papel que el agua ha jugado en esa historia de prefiguraciones del Bautismo: en la creación (Gén 1), el diluvio universal (Gén 6 y 7), el paso por el Mar Rojo (Éx 14 y 15), el bautismo de Jesús en el Río Jordán (Mc 1:2-11, Lc 3:21-22, Mt 3:13-17, Jn 1:29-34), el agua y la sangre que brotaron del costado traspasado de Jesús (Jn 19: 31-34). Se le pide a Dios Padre y al Hijo que envíen al Espíritu Santo para que por su poder los catecúmenos nazcan a través del agua a una nueva vida (Jn 3:5).

La renuncia al mal y la profesión de fe

Ambas declaraciones son hechas por los padres y padrinos en nombre del catecúmeno pequeño. Los niños llegan a un mundo caído cuyos pecados los marcan con sus huellas maléficas. Ellos también necesitan la salvación que los libere del poder de las tinieblas y les ofrezca la libertad de ser hijos adoptivos de Dios. Es natural, pues, que los padres cristianos que reciben a sus hijos como don de Dios, no quieran privarles de los grandes dones que ofrece el Bautismo. Por eso, desde muy temprano en la historia de la Iglesia se practicó el bautismo de infantes. El Nuevo Testamento cuenta que los Apóstoles bautizaban a todos los que se encontraban bajo un mismo techo o casa, a los miembros de una familia cuyo padre se convertía y se bautizaba, incluidos los hijos pequeños (Hch 16:15, 33, 18:8, 1 Cor 1:16).

Los padres y padrinos se comprometen ante Dios a educarlos en la fe para que cuando llegue el momento los niños pueden afirmarla libremente y por cuenta propia.

El bautismo, la unción con el santo crisma, la vestidura blanca y la luz de Cristo

En el acto del Bautismo se pronuncia el nombre del catecúmeno insertándolo en la fórmula trinitaria, Dios uno y trino, Padre, Hijo y Espíritu Santo. Puede llevarse a cabo en tres inmersiones o derramando tres veces agua sobre la cabeza del candidato. Esto significa la muerte al pecado y la nueva vida en Dios uno y trino gracias a los méritos del Misterio Pascual. Después del Bautismo se unge al bautizado con el santo crisma, gesto utilizado en la antigüedad para consagrar a los reyes, sacerdotes y profetas, y que nos recuerda que compartimos la misma identidad de Jesús sacerdote, profeta y rey. Seguirá la recepción de la vestidura blanca. Esta representa la nueva vida en Cristo, la purificación del pecado y la pureza que brota del Bautismo. Se concluirá con el gesto bello y simbólico de la recepción de una vela encendida con la llama del cirio pascual, una gran vela blanca que se bendice y enciende en la Vigilia Pascual y que representa al Resucitado. La vela que recibe la luz del cirio pascual es la luz de Cristo y representa la fe. Durante esta parte del rito la vela la sostiene uno de los padrinos. De esta forma se representa de manera simbólica que la fe es don de Dios que no adquirimos por nuestros esfuerzos propios, sino que recibimos como regalo de Dios. La fe también se recibe por medio de la comunidad de fe, misma que representan padres y padrinos ante los niños que son bautizados, fe que en su momento los recién bautizados pequeños tendrán que profesar libremente y por cuenta propia.

El Bautismo hoy

En esta última sección del capítulo nos ocuparemos de algunos temas de actualidad relacionados con el Bautismo. El primero es si el Bautismo es necesario. Jesús mismo afirma que el bautismo es necesario para la salvación (Jn 3:5) y mandó a sus discípulos a anunciar el Evangelio y bautizar a todas las naciones (Mt 28: 19-20). A través de la fe cristiana y el Bautismo nos asociamos a Jesús y su obra redentora, el Misterio Pascual, que nos ofrece el único camino seguro y eficaz para llegar al Padre.

¿Pero qué pasa con aquellos que sin culpa propia desconocen a Jesucristo viéndose privados así de poder creer en Él y de ser bautizados? Creemos que Cristo murió por todos y que la vocación del ser humano es una sola, descansar en su Creador. Por tanto, creemos que el Espíritu Santo ofrece a todos la posibilidad —cuyos detalles solo Dios conoce— de asociarse al Misterio Pascual y de recibir su gracia. Aunque uno no crea en Jesucristo, —sea porque no sabe nada de Él o porque se lo han presentado de tal manera que en buena conciencia uno no puede creer en Él— se puede esperar que Dios no lo abandonará y será salvados. Se trata de una esperanza y no de una garantía de salvación, tanto para los creyentes como los no creyentes. Aunque en el caso de los creyentes la esperanza es más segura pues está basada en la fe cristiana y en el bautismo. La esperanza para los no creyentes se basa en dos razones fundamentales: Que Dios desea la salvación de todos (1 Tim 2:4) y el esfuerzo sincero de los que no conocen a Jesucristo, ni están bautizados, de creer en Dios y buscar la verdad y evitar el mal.

La Iglesia enseña que, si bien parece difícil, los seres humanos que no conocen a Cristo o no pueden creer en Él de buena fe, pueden usar su razón para saber que Dios existe y para hacer el bien y evitar el mal. De esta manera se disponen para recibir de Dios que quiere la salvación de todos, la gracia de la salvación que Cristo efectuó por su muerte y resurrección. Sin embargo, debe dejarse claro que la salvación de estas personas que no conocen a Cristo por culpa suya depende del Misterio Pascual y de la misericordia de Dios y no de los esfuerzos humanos, no obstante, cuan nobles sean (*Lumen Gentium* 16, *Gaudium et Spes*, 22, *Ad Gentes* 7, *Catecismo de la Iglesia Católica* 1260).

Los niños muertos sin bautizarse no están en *el limbo*, un estado intermedio en la vida futura entre el cielo y el infierno similar al purgatorio, como antes se enseñaba. Hoy, confiando en la infinita misericordia de Dios, que quiere que todos se salven (1 Tim 2:4), y la ternura de Jesús con los niños (Mc 10:14), se nos permite esperar en que haya un camino de salvación para los niños que mueren sin el Bautismo (*Catecismo de la Iglesia Católica* 1261).

Conclusión

En este capítulo hemos visto el primero de los sacramentos de iniciación cristiana, el Bautismo. Sacramento gracias al cual por el agua y el Espíritu Santo somos librados del pecado, incorporados al Cuerpo de Cristo y reclamados para Dios, uno y trino, con un carácter inmortal que nos hace sus hijos adoptivos en Cristo. El Bautismo nos recuerda la tierna misericordia de Dios que desea que los seres humanos queden unidos a Él para siempre y no padezcan una eternidad divorciados de su amor eterno. El próximo capítulo considera el sacramento de la Confirmación que explícita la acción y dones del Espíritu Santo en el camino de la iniciación cristiana y que originalmente formaba parte de un solo evento espiritual en conjunto con el Bautismo y la Eucaristía.

Para comentar y reflexionar

¿Cuáles son los tres momentos esenciales del Bautismo según Hch 8:26-46? ¿Cómo están relacionados con la enseñanza de San Pablo acerca del Bautismo?

¿Qué es el RICA?

¿Cuál es la teología del Bautismo del Vaticano II?

¿Por qué es necesario el Bautismo?

¿Qué le pasa a los niños que no han sido bautizados?

¿Pueden salvarse los adultos que no han sido bautizados?

3
LA CONFIRMACIÓN

Introducción

La Confirmación ha sido el sacramento que más ha cambiado en su teología y en su celebración en la Iglesia occidental. A esta interesante historia nos dedicaremos en este capítulo. Primero examinaremos lo que la palabra de Dios nos dice del sacramento y después nos enfocaremos en momentos clave de su historia post-apostólica. Continuaremos con una mistagogia abreviada del sacramento a igual que hicimos con el Bautismo, y concluimos con algunas preguntas que se hacen hoy sobre la confirmación.

La Confirmación en el Nuevo Testamento

El Bautismo de Jesús estableció el patrón para el Bautismo de los cristianos (Mc 1:2-11, Lc 3:21-22, Mt 3:13-17, Jn 1:29-34). Igual que Jesús recibió el Espíritu en el Jordán, así también sus seguidores consideraban que habían quedado ungidos por el mismo Espíritu en su bautismo.

Para san Pablo el Espíritu es el sello fundamental de que pertenecemos a Cristo y los dones del Espíritu son el resultado del Bautismo (2 Cor 1: 22, Ef 1:13, Ef 4:30). Morir y resucitar sacramentalmente con Cristo, es para Pablo, una sola realidad que hace posible la unión con Cristo y con su Espíritu (Rom 6:3-4, Col 2:12, 1 Cor 6: 11, 1 Cor 12:13, Gál 4:6). Por tanto, la separación de los sacramentos de la iniciación: Bautismo, Confirmación y Eucaristía, es un fenómeno post-apostólico o, dicho de otra manera, posterior a la muerte de los Apóstoles.

En varias ocasiones Jesús le había prometido su Espíritu a sus discípulos (Lc 12:12, Jn 3:5-8, 7:37-39, 16:7-15, Hch 1:8) y lo cumplió el día de la Pascua (Jn 20:22) y el día de Pentecostés (Hch 2:1-4). Esa efusión del Espíritu de Jesús hizo renacer en los discípulos de Jesús la paz, la alegría y un gran dinamismo valiente que los llevó a predicar el Evangelio por toda Tierra Santa y la cuenca del Mar Mediterráneo hasta llegar a Roma e incluso hasta la península Ibérica, a pesar de incontables peligros y persecuciones. Esta maravillosa historia misionera se nos cuenta en parte en los Hechos de los Apóstoles.

Los que escucharon la predicación de los discípulos y creyeron fueron bautizados y recibieron el don del Espíritu Santo por la imposición de las manos y acompañado de una unción con óleo perfumado o *crisma* (Hch 2:38, 8:15-17, 10:38, 19:5-6, Heb 6:2). Tan extendida es la acción del Espíritu Santo en la Iglesia que san Pablo nos presenta una lista de sus dones. Dice el apóstol en la carta a los Gálatas que los frutos del Espíritu son la caridad, la alegría, la paz, la paciencia, la afabilidad, la bondad, la fidelidad, la mansedumbre, la templanza, y la capacidad de renunciarse a uno mismo (5:22-25).

La Confirmación en la historia de la Iglesia

En el período patrístico, o sea en los siglos que siguieron a la muerte de los Apóstoles y hasta la edad media (finales del s. I d.C. hasta el s. VIII d.C.) diferentes elementos del rito de iniciación de los cristianos comienzan a recibir diferente atención, con diferentes énfasis y significados. En su *De Baptismo* (alrededor del 200 d.C.) Tertuliano, un gran teólogo y padre de la Iglesia, divide el bautismo en dos partes: la inmersión con unción y la imposición de las manos que significa el don del Espíritu. *La Tradición Apostólica de San Hipólito* (alrededor del 215 d.C.)

reserva al obispo la imposición de las manos y la unción en la frente. En el año 416 d.C. el Papa Inocente I le escribe al obispo de Gubbio, Italia y no permite que los sacerdotes unjan a los catecúmenos en la frente, porque esta acción que trae al Espíritu está reservada al obispo. En las Iglesias orientales esta característica no se da. Se mantiene la unión y el orden de los sacramentos de iniciación (el Bautismo, la Confirmación o *Crismación* y la Eucaristía) y se considera que la presencia del obispo está garantizada por el crisma o el óleo santo que él consagró. Por tanto, no es necesario que el obispo administre la Crismación o la Confirmación como tal.

El obispo Fausto de Riez, Francia dio la primera explicación teológica para la separación de la ceremonia de Confirmación del Bautismo en una homilía en el día de Pentecostés del año 458 d.C. Según Fausto el Bautismo nos lava y limpia, pero después de este necesitamos ser fortalecidos para la batalla espiritual que es la vida cristiana. La Confirmación confiere ese aumento de gracia para tal batalla. En los siglos VII y VIII d.C. se introduce un cambio al tradicional saludo de paz en la ceremonia de Confirmación por parte del obispo. El obispo da una palmada en el cachete del confirmando. Esta palmada significaba fortalecimiento para el combate espiritual que es la vida cristiana. Los confirmandos reciben la fuerza para la vida cristiana por medio del don de la fortaleza del Espíritu. Como veremos adelante, hoy este gesto litúrgico y espiritual está suprimido del rito de la Confirmación.

La separación definitiva entre los tres sacramentos de iniciación ocurrió gradualmente en occidente. En el S. XVI d.C. la práctica quedó ratificada por el Concilio de Trento que estipuló que los niños recién bautizados no tenían que recibir la Eucaristía porque eran incapaces de perder la gracia bautismal. El Concilio Vaticano II (1962-1965) dijo poco sobre la Confirmación. Decretó que El rito de la Confirmación fuera revisado para que el vínculo entre ese sacramento y los otros sacramentos de la iniciación se viera más claramente. En el año 1971 el Papa Pablo VI proclamó un nuevo rito de la Confirmación, declarando que la naturaleza divina que los cristianos reciben por la gracia de Cristo tiene cierta semejanza con los orígenes y el desarrollo de la vida natural. Igual que ocurre en esta, los creyentes nacen de nuevo por el Bautismo, son fortalecidos por la Confirmación y son sostenidos por el manjar de la vida eterna en la Eucaristía.

Una mistagogia del rito de la Confirmación

La bendición del santo crisma

El santo crisma o *myron* en griego, es óleo de oliva perfumado con bálsamo que representa el sello del don del Espíritu Santo. El obispo consagra los santos óleos cuando se reúne junto con todo el clero en la catedral para la Misa Crismal al comienzo de Semana Santa, celebración en la que el clero renueva sus promesas sacerdotales. Se trata de tres óleos: el crisma santo utilizado en bautismos, confirmaciones y ordenaciones, el óleo para los enfermos usado en el sacramento de la Unción de los enfermos y el óleo de los catecúmenos utilizado en el Bautismo. Los santos óleos serán empleados en toda la diócesis para la celebración de diversos sacramentos durante el próximo año. Y su uso nos recuerda que el nombre de "cristiano" significa el ungido por el Espíritu de Dios o sea el Mesías, Jesucristo.

La proclamación de la palabra

Como en cualquier otro sacramento, la acción litúrgica y los diversos signos sacramentales siempre van acompañados de la proclamación de la palabra de Dios. Así se nos recuerda que Jesús proclamó el Reino de Dios tanto con palabras como con obras milagrosas. La palabra inspirada de Dios es su presencia en la celebración litúrgica que alienta, instruye y despierta la fe de los que la escuchan. En la celebración de la Confirmación los textos proclamados suelen hablar del papel del Espíritu en la vocación y misión de los profetas. Ellos reciben, a través del Espíritu, la misión de parte de Dios de proclamar buenas noticias a los pobres, libertad a los cautivos y el año jubilar del Señor (Is 61:1-9). Las lecturas también describen la imposición de las manos de parte de los Apóstoles y la recepción del Espíritu Santo en la Iglesia primitiva (Hch 8:1-17). Por su parte, el Evangelio recuerda la promesa de Jesús de que enviaría al Espíritu Santo a sus discípulos (Jn 14:23-26). Después de la proclamación del Evangelio, sigue la homilía del obispo o su representante donde se explica el significado del sacramento de la Confirmación a la luz del sacramento que se va a celebrar y la palabra de Dios recién proclamada.

La renovación de las promesas bautismales y la profesión de fe

Ambas acciones nos recuerdan que la Confirmación constituye una prolongación del Bautismo. Porque fue en el Bautismo cuando nuestros padres y padrinos por primera vez pusieron su palabra en lugar nuestro en bien de la fe cristiana y se comprometieron de enseñarnos la fe, especialmente con su testimonio de vida. Sin embargo, ahora es nuestro turno de dar testimonio público de que creemos, de que optamos por Jesucristo y de que rechazamos el mal.

La imposición de las manos

El obispo le pide a toda la comunidad presente que oren para que el Padre derrame su Espíritu sobre los confirmandos. Habiendo sido renacidos por el Bautismo, ahora se ruega que sean fortalecidos por los dones del mismo Espíritu y que se conviertan en imagen perfecta de Jesucristo. De nuevo, las palabras de las oraciones recuerdan la conexión entre el Bautismo y la Confirmación. La imposición de manos sobre los confirmados implora todos los dones del Espíritu: sabiduría, inteligencia, consejo, fortaleza, ciencia, piedad y caridad.

La unción con el santo crisma

La unción con el santo crisma se hace trazando una cruz sobre la frente de los confirmandos. Esa señal de la cruz remite otra vez al bautismo, donde la ceremonia comenzó con la declaración de nuestro nombre ante la comunidad cristiana y la bendición con la señal de la cruz en nuestra frente por el sacerdote, nuestros padres y padrinos. La pronunciación de nuestro nombre recuerda que somos los hijos adoptivos y amados de Dios. Dios nos conoce, nos mira tiernamente y nos llama por nombre; somos importantes para Él. Cada confirmado es acompañado por su padrino o madrina, o no estando presentes estos, los acompañará la persona que los presenta, quien coloca su mano derecha sobre el hombro del confirmando. En muchas partes es costumbre que el confirmando escoja un nombre de Confirmación que representa el compromiso maduro que representa la recepción del sacramento de Confirmación. El obispo llama al confirmando por este nuevo nombre y por el que recibió en el Bautismo y dice: "Recibe por esta señal el don del Espíritu Santo." La presencia de nuestros padrinos o de una persona que nos presenta nos recuerda que la fe que profesamos es personal y comunitaria a la vez. Hemos llegado a este momento de compromiso maduro y deseo de ser fortalecidos por el Espíritu Santo gracias al acompañamiento de una comunidad de fe y de personas que nos han amado y han querido compartir esa fe con nosotros.

La paz

Se concluye el sacramento con el beso de la paz que significa y manifiesta la comunión eclesial con el obispo y con todos los fieles. Gracias al Espíritu que labora en ella y en cada creyente, la Iglesia es una, santa, católica y apostólica. Se recomienda que la Confirmación se celebre dentro de la celebración de la Eucaristía, el sacramento de la Iglesia por excelencia. Entonces se procede con la oración de los fieles y el resto de la Misa. Cuando la Confirmación se celebra fuera de la Misa, también se procede con la oración de los fieles, el Padre Nuestro, la bendición final y la despedida.

La Confirmación hoy

Hay una serie de preguntas acerca del significado y la práctica de la Confirmación que actualmente se debaten en la Iglesia. Por ejemplo, ¿debemos volver a la práctica antigua de celebrar los tres sacramentos de iniciación juntos o debemos seguir la práctica de celebrarlos aparte para que de esta manera se introduzca gradualmente a los niños a la vida en Cristo? La respuesta a estas preguntas depende de si uno pertenece a una de dos escuelas de pensamiento teológico sobre los sacramentos. Muchos liturgistas que consideran que los sacramentos deben estar íntimamente relacionados con el ciclo de la vida humana prefieren que se mantenga la separación de los sacramentos de la iniciación. Este argumento antropológico o desde la persona humana enfatiza que los sacramentos son ritos que nos ayudan a celebrar importantes momentos de la vida cotidiana con un sentido cristiano, por ejemplo, el nacimiento (el Bautismo), la adolescencia (la Confirmación), la enfermedad, la vejez o la muerte (la Unción de los enfermos), el asentamiento en un estado de vida permanente (el Matrimonio o la Ordenación).

Mientras que aquellos a quienes les gustaría mantener la unidad e integridad de los sacramentos de la iniciación como en la Iglesia primitiva aluden a argumentos históricos y dogmáticos que apoyan su posición. Piensan que la iniciación cristiana o la incorporación a Cristo se desfigura cuando no celebramos todos los ritos asociados con ello y separamos los sacramentos en tres celebraciones discretas. Solamente celebrando el Bautismo, la Crismación o la Confirmación y la Eucaristía juntos podemos entender y experimentar todo lo que la incorporación y nueva vida en Cristo significa. Así apreciamos mejor sus vertientes verticales y horizontales porque los sacramentos de la iniciación celebrados en su unidad nos unen a Dios como sus hijos adoptivos en el Bautismo, nos prepara para una vida de testimonio con los dones del Espíritu Santo, y nos hace miembros de la Iglesia que se manifiesta más perfectamente en la Eucaristía.

A lo largo de la historia de la Iglesia la edad en la cual se ha administrado la Confirmación ha variado impresionantemente. A veces ha ocurrido en el momento en que el niño se bautiza. De esta manera no se impide que los niños reciban la gracia de este sacramento antes de recibir la primera comunión. En otros momentos se ha celebrado a la edad del uso de razón, o sea alrededor de los siete años. Y hoy en día se celebra cuando la gente está más entrada en años, cuando se ha llegado a la madurez cristiana y se está preparado para profesar la fe públicamente con palabras y obras, o sea, en la adolescencia o en la juventud temprana. Actualmente, se sigue notando una gran variedad en las edades en las que se administra la Confirmación. El momento propicio es determinado por el obispo de cada diócesis según circunstancias pastorales y los argumentos antropológicos o histórico-teológicos mencionados anteriormente.

También se debate quién debe ser el ministro que celebra el sacramento de Confirmación. En las Iglesias orientales el ministro puede ser el sacerdote. Sin embargo, en la Iglesia occidental, hasta tiempos recientes, el ministro ordinario del sacramento era el obispo. Hoy el obispo puede delegarle la facultad de confirmar, por importantes razones pastorales, a un presbítero. Tales razones pueden ser peligro de muerte del Confirmando o una diócesis de grande extensión territorial o población que no puede ser atendida fácilmente por el obispo.

Sin embargo, no debemos menospreciar lo que significa para el confirmando y su familia encontrarse con el líder de la Iglesia local. En una Iglesia donde los jóvenes cada vez son menos vistos en las celebraciones y actividades de la comunidad cristiana, la oportunidad de conocer y tener un diálogo y momento de oración más personal con el obispo diocesano, podría servir mucho para personalizar la experiencia de Iglesia de muchos jóvenes que se sienten alejado de ella y que raramente se encuentran con sus ministros ordenados o laicos. Y claro está, el encuentro entre obispo y confirmando es un camino de dos sentidos. La celebración de la Confirmación es un momento privilegiado para que el obispo se encuentre y comparta con su grey, especialmente su grey joven, es la oportunidad de que, como lo diría el Papa Francisco, el obispo sea pastor "con olor a oveja".[3]

---

3 Papa Franciso, Homilía en la Santa Misa Crismal, Jueves Santo, 28 de marzo, 2013, en la Basílica Vaticana, http://www.vatican.va/holy_father/francesco/homilies/2013/

Conclusión

Hemos visto en este capítulo cómo el sacramento de la Confirmación ha evolucionado a lo largo de la historia de la Iglesia y hasta nuestros días. Este desarrollo de la teología del sacramento y su celebración parece un estupendo ejemplo de cómo la fe de la comunidad cristiana, el *sensus fidelium*, bajo la influencia del Espíritu Santo, explora y descubre dimensiones profundas de la Revelación original, Jesucristo. El sacramento de la Confirmación le ha ayudado a la Iglesia en occidente a no olvidarse del Espíritu Santo y de su importancia para la vida cristiana comprometida y madura. En el próximo capítulo nuestra atención se dirigirá a la culminación de la iniciación cristiana: la Eucaristía, que es también, como dice el Concilio Vaticano, la cima y fuente de toda la vida cristiana.

documents/papa-francesco_20130328_messa-crismale_sp.html.

Para comentar y reflexionar

¿Qué es la crismación?

¿Cuáles serían los argumentos antropológicos para la celebración de la Confirmación independientemente de los sacramentos del Bautismo y la Eucaristía?

¿Cuáles serían los argumentos históricos y dogmáticos para la celebración de la Confirmación junto con el Bautismo y la Eucaristía?

¿Qué facilitó que se separara la Confirmación del Bautismo en la Iglesia occidental?

¿Cómo enfatiza El rito de la Confirmación hoy el enlace entre la Confirmación y el Bautismo?

4
LA EUCARISTÍA

Introducción

En este capítulo tratamos la culminación de los sacramentos de la iniciación cristiana: la Eucaristía, celebrada durante la Santa Misa. En ella está la verdadera presencia de Jesucristo en forma sacramental bajo la apariencia de pan y vino, fin del proceso de iniciación comenzado en el Bautismo y la Confirmación. La teología eucarística y la historia de su celebración a lo largo de más de dos mil años del cristianismo es fascinante y complicada. En este capítulo solamente podremos tocar algunas de esas facetas: las raíces judías de la Eucaristía, su entendimiento en el Nuevo Testamento, algo de su historia y las reformas litúrgicas del Segundo Concilio Vaticano. Hay mucho más que apreciar, para eso les recomendamos el librito del P. Juan Sosa, *Manual para entender y participar en la Misa*, para mejor conocer las partes de la Misa y la acción litúrgica de la misma.

Las raíces judías de la Eucaristía

"Eucaristía" significa en griego acción de gracias. Esta fue la palabra que los primeros cristianos utilizaron para traducir la palabra hebrea, bendición. La bendición del Creador era la forma principal de oración de los hebreos. Esto ocurría especialmente en las comidas, cuando el padre de la familia pronunciaba una doble bendición sobre el pan y el vino, al principio y al final del evento. Los otros comensales respondían por turnos a esta bendición, aclamando con alegría y gratitud la bondad del Señor para con su creación.

Fue esta forma de oración familiar hebrea que Jesús empleó para dejarnos la Eucaristía.

Con base en estas raíces etimológicas y ritos familiares judíos entendemos que, para los primeros cristianos, la Eucaristía era principalmente un acto de alabanza y acción de gracias por el cual el pueblo respondía a las grandes obras que Dios había hecho por ellos, en particular el Misterio Pascual.

La Eucaristía en el Nuevo Testamento

La institución de la Eucaristía se menciona claramente en cuatro textos del Nuevo Testamento: 1 Cor 11:23-25, Lc 22:19-20, Mc 14: 22-24, Mt 26:26-28. También en los Hechos de los Apóstoles se habla de "fracción del pan," que se entiende como la Eucaristía (Hch 2:42, 46). Estas referencias no son relatos históricos como tales, sino recuerdos litúrgicos. Las primeras comunidades cristianas recogieron este evento histórico de una manera especial, recordándolo a través de su celebración litúrgica del mismo.

El género litúrgico de estos textos nos ayuda a entender sus diferencias. Son diferencias que resaltan diversos relieves de la teología eucarística de las comunidades primitivas, pero dentro de un marco y una tradición común. Estos diversos relieves también nos recuerdan que nuestra apreciación de la Eucaristía debe basarse en la fe de las primitivas comunidades y no principalmente en las mismísimas palabras y acciones de Jesucristo en la última cena, porque sobre este evento no hay unanimidad en el Nuevo Testamento. Se identifican dos grandes tradiciones acerca de la Eucaristía en el Nuevo Testamento, la de san Pablo y san Lucas, y la de san Marcos y san Mateo.

Las palabras y gestos que las cuatro narraciones neotestamentarias recogen son interpretadas como gesto profético. Es decir, un gesto simbólico similar a los grandes personajes del Antiguo Testamento, donde se realizaba de antemano un futuro evento que se le pronosticaba a Israel. La acción del profeta se entendía no solamente como actuación simbólica del futuro evento, sino como realización del mismo. Por tanto, en el caso de la Eucaristía, se entiende que al darse de una forma sacramental bajo la especie de pan y vino en la última cena, Jesucristo estaba profetizando su auto-donación en el sacrificio de amor en la cruz.

San Pablo y san Lucas refuerzan esta manera de entender la Eucaristía con las palabras: "Hagan esto en memoria mía." Para los judíos del tiempo de Jesús, la palabra memoria o *anámnesis* significaba no solamente recordar un gran evento del pasado, sino creer que Dios seguía realizando o haciendo presente, o sea re-presentando, esos eventos para toda generación que lo celebrara y recordara litúrgicamente. La Eucaristía, como otros grandes eventos judíos, por ejemplo, la Pascua Judía que recuerda la liberación de los hebreos de Egipto, era considerada por los primeros cristianos un memorial vivo del Misterio Pascual de Jesús, que está lleno del misterio que conmemoraba. Para san Pablo y san Lucas, el memorial de la Eucaristía recuerda la nueva alianza profetizada por el profeta Jeremías (31:31-34).

Sin embargo, en las narraciones de san Marcos y san Mateo se enfatiza más la dimensión sacrificial de la Eucaristía. Para ellos la Eucaristía recordaba el sacrificio de sangre con el cual se selló la alianza descrita en Éxodo 24:3-8. Debe ejercerse cuidado en la manera en que pensamos que los primeros cristianos entendieron el sacrificio de Jesús en la Eucaristía y en la cruz. Probablemente, durante los tiempos apostólicos ese sacrificio se entendía de una manera simbólica, ya que para los judíos los sacrificios eran sacrificios rituales que se realizaban en el Templo de Jerusalén.

El entendimiento de la Eucaristía como el sacrificio único y eficaz de Jesucristo en la cruz comenzará a verse en la

Carta a los Hebreos (10:10). Pero no florecerá hasta el tiempo patrístico (final del siglo I d.c. y hasta el siglo VIII d.C.) cuando las controversias cristológicas clarificarán que, por la identidad de Jesús en la historia de la salvación, su muerte en la cruz ha de entenderse en un sentido especial. El sacrificio de Jesús representado por la Eucaristía es a la vez el punto de convergencia de todos los sacrificios del Antiguo Testamento y un nuevo punto de partida para la historia. El sacrificio de Jesús es diferente a cualquier otro sacrificio, es irrepetible e irrevocable. Es lo que san Agustín llamará el *verissimum sacrificium* o el sacrificio verdadero.

En la tradición judía, uno participaba en los méritos y frutos de un sacrificio al consumir la víctima sacrificada. Por tanto, para los Apóstoles, comer el pan y beber el vino de la Eucaristía era participar en el sacrificio de Cristo. En 1 Cor 10:16-17 y 11:27-32 al igual que en Jn 6:51-58 se entiende que, para los primeros cristianos, el pan y el vino de la Eucaristía no eran la presencia simbólica de Cristo sino el verdadero cuerpo y sangre del Señor, en cuyos frutos ellos participaban al comulgar.

La Eucaristía en la historia de la Iglesia

Las celebraciones familiares y con más sentido de banquete disminuyen al incorporarse la liturgia de la palabra (primeramente testimoniado por san Justino, mártir, alrededor del 150 d.C.) Se comienzan a enfatizar más y más los aspectos cultuales de la celebración y el rito se convierte cada vez más en un acto de oración pública y solemne en una sociedad que se declara cristiana. Se refiere más a menudo al sacerdote, al altar, al sacrificio. Surgen edificios especialmente transformados para celebrar la Eucaristía, por ejemplo, la basílica. Tertuliano es uno de los primeros que escribe que ofreció la Eucaristía por los difuntos. De esta manera la Eucaristía ya no es entendida como el sacrificio de toda la asamblea sino del sacerdote. Sería una simplificación ver este desarrollo cultual de la Eucaristía como una desviación de su entendimiento apostólico, ya que en san Marcos y san Mateo estas categorías cultuales estaban presentes. Lo que ocurre durante el período patrístico es que se hace más explícito y pronunciado lo que ya existía en el tiempo neotestamentario.

Los padres de la Iglesia, o sea los grandes teólogos y obispos del período patrístico, subrayan que el lenguaje de la institución de la Eucaristía es un lenguaje de identidad. Cristo identifica su cuerpo y sangre con el pan y el vino. Esto se ve claramente en las plegarías eucarísticas con sus secciones de epíclesis o aquella parte de la oración en que se invoca al Espíritu Santo y transforma el pan y el vino en el cuerpo y la sangre de Cristo. Los Padres hablan de la Eucaristía como un símbolo. Para ellos el símbolo tenía un sentido diferente que para nosotros. El símbolo significaba y participaba en lo que representaba. Al afirmar que el pan y el vino se convertían en la semejanza del cuerpo y la sangre de Cristo, significaban que el cuerpo y la sangre de Cristo estaban verdaderamente presentes en el pan y el vino. Las plegarías eucarísticas o *anáforas* de este tiempo presentan a la Eucaristía como una ofrenda (Canon de san Hipólito) o sacrificio (Canon Romano).

En la edad media (s. IX d.C. y hasta s. XV d.C.) vemos un cambio en el entendimiento patrístico del símbolo. Se comienza a dar una forma de pensar más influenciada por el realismo del filósofo griego Aristóteles. En cuanto a la teología eucarística, esto significará una manera casi *fisicalista* o materialista de entender la presencia de Cristo en el sacramento. A la misma vez surge la herejía de Berengario de Tours del s. XI d.C. que niega la verdadera presencia de Cristo en el sacramento.

Una de las facetas de la espiritualidad medieval es su

enfoque en el Cristo histórico. La Eucaristía será más y más identificada con la pasión de Cristo. La Misa se interpretará como una alegoría de la pasión, de tal manera que a muchos de sus elementos se le darán significados que nada tendrán que ver con su significado objetivo. Por ejemplo, el lavabo, o cuando el sacerdote se purifica los dedos antes de proseguir con la plegaria eucarística, se identificará con el lavatorio de las manos de Poncio Pilato. La Misa vino a entenderse, incorrectamente, como una repetición de la muerte de Jesucristo en el Calvario.

Durante la Edad Media surge la devoción al Santísimo Sacramento. Aunque la reservación del Santísimo Sacramento era de antigua tradición, había sido principalmente empleado para comunión fuera de la Misa, especialmente para aquellos que estaban gravemente enfermos. Ya desde el siglo XI d.C. se comienzan a dar procesiones con el Santísimo, actos de devoción al sagrario, así como de exposición y de bendición con el Santísimo. Este culto surge, en parte, por la falta de una participación más activa en la Eucaristía. Esto se manifestaba en la infrecuencia en la recepción de la comunión y el uso de un lenguaje, el latín, cada vez menos comprendido por el pueblo. No obstante, la devoción al Santísimo también respondía a la creciente atracción por la humanidad de Cristo, la contemplación y el misticismo medieval que caracterizaban la espiritualidad de la época. Por último, se da una nueva forma teológica de hablar de la presencia de Cristo en la Eucaristía, forma que busca un camino entre un *fisicalismo* exagerado y el simbolismo.

Al principio del s. XII d.C. los teólogos comienzan a utilizar el término de *la transubstanciación* para hablar de la manera en que Cristo está auténticamente presente en la Eucaristía. Pero no será hasta el s. XIII d.C. y la aparición del pensamiento de Santo Tomás de Aquino que la transubstanciación se entenderá de una manera completa. Para santo Tomás la transubstanciación se refiere al cambio que ocurre en el pan y el vino durante la institución de la Eucaristía. El santo enseña entonces que la verdadera presencia de Cristo se da en el pan y el vino bajo cierta semejanza con la realidad del alma que está presente en el cuerpo. O sea, de una manera metafísica o en la forma de la substancia de los elementos. La apariencia accidental o visible del pan y del vino no cambia y sigue apareciendo como pan y vino. Sin embargo, por la acción del Espíritu Santo y por el poder de las palabras de Jesucristo, la constitución o identidad profunda e invisible de los elementos se transforma en la presencia verdadera de Jesucristo, su cuerpo y sangre. No se da pues una transformación material o física del pan y del vino, sino un cambio sacramental o metafísico de su identidad o constitución profunda.

Lutero, el gran líder de la reforma protestante del siglo XVI d.C., negó tanto que la Eucaristía tenía un carácter sacrificial y que el concepto de la transubstanciación fuera necesario para entender la Eucaristía. Para los reformadores protestantes la teología eucarística de la Iglesia católica era un ejemplo perfecto de poner demasiada confianza en las obras humanas. Ellos negaban que cualquier esfuerzo u obra humana —en este caso la celebración de la Misa— podía efectuar la salvación. Solamente la gracia que se nos daba por la fe en Cristo efectuaba nuestra salvación. La Eucaristía para ellos es un memorial de la cruz, memorial humano y piadoso, pero no sacramento verdadero y eficaz del Misterio Pascual. No entienden al memorial en el sentido neotestamentario que hace verdaderamente presente lo que se recuerda, sino simplemente como un recordatorio de un evento del pasado sin efecto salvífico alguno.

Los luteranos afirman "la consubstanciación" de los elementos, sin admitir un cambio de estos en el cuerpo y la sangre de Cristo. Creen que hay una presencia del cuerpo y la sangre de Cristo en el pan y el vino, pero no la explican de una manera detallada. Esto se debe a su rechazo de cualquier teología especulativa o filosófica, como la teología escolástica, que trate de entender y explicar el cambio milagroso que se da en la Misa. Para ellos la razón humana es sospechosa y no debe utilizarse para entender y explicar los misterios de la fe. Elaboran pues una teología estrictamente basada en las Sagradas Escrituras. Zwinglio, otro de los reformadores protestantes del siglo XVI d.C., entiende el pan y el vino de la Eucaristía como signos o símbolos. Calvino, reformador suizo, ve a los elementos de la Eucaristía como medios efectivos de la gracia de Cristo que está en el cielo. El pan y el vino de la Eucaristía son similares al agua que se usa en el Bautismo, es decir, son mediaciones de la gracia que proviene de Cristo en el cielo.

El Concilio de Trento (siglo XVI d.C.), una reunión de los obispos católicos en el norte de Italia para responder a la reforma protestante, afirmó que se da un cambio verdadero de los elementos. Les cambia su substancia y se hace presente el cuerpo y la sangre de Cristo de manera sacramental, o sea no físicamente sino metafísicamente, un cambio invisible correspondiente a la identidad o constitución profunda de los elementos del pan y el vino. Se trata pues de un misterio real, pero percibido no por los sentidos humanos sino con los ojos de fe; fe en las palabras de Jesucristo y en la enseñanza de la Iglesia basada en ellas.

También se afirmó contra los reformadores protestantes que la Misa es un verdadero sacrificio y no una mera conmemoración. La Misa es el mismo sacrificio del Calvario, ofrecido de una manera diferente, es decir, sacramentalmente. Sin embargo, esto no significa que en la Misa se vuelve a repetir el único e irrepetible sacrificio de Cristo en el Calvario, sino que se vuelve a representar de una manera sacramental. Cristo murió por nosotros en la cruz una sola vez y por siempre, pero según su instrucción se recuerda y celebra ese sacrificio de amor en el Calvario y se representa de manera sacramental cuando se celebra la Eucaristía para el bien de los creyentes y de toda la humanidad.

El Vaticano II y la Eucaristía

El Concilio Vaticano II (1962-1965) se ocupó de inmediato —desde su primera sesión— de la Eucaristía. Los padres conciliares pensaban que una puesta al día de parte de la Iglesia tenía que empezar con su vida litúrgica ya que es desde la liturgia, la celebración del Misterio Pascual y nuestra redención, que todo esfuerzo de reforma eclesial debe emerger y sostenerse. *La Constitución sobre la Sagrada Liturgia* del concilio, *Sacrosanctum Concilium*, introdujo importantes cambios prácticos y teológicos relacionados con la celebración de la Eucaristía.

El documento enfatiza que la Eucaristía tiene una dimensión apostólica en cuanto que debe servir para mostrarle ritualmente al mundo el misterio de Cristo y su Iglesia (2, 6) La Eucaristía se describe como "la cumbre a la cual tiende la actividad de la Iglesia y, al mismo tiempo, la fuente de donde mana toda su fuerza" (10). A la vez se reconoce que la liturgia no agota toda la actividad de la Iglesia (9).

El Vaticano II afirma que Cristo está sacramental y realmente presente en los elementos de la Eucaristía. Pero también declara que Cristo está presente en la persona del ministro que preside (el sacerdote que celebra la Eucaristía), en su palabra proclamada durante la Misa, y en la asamblea de los creyentes que se reúne en su nombre (Mt 18:20, 7). El Vaticano II introdujo el uso de la lengua vernácula o de la lengua del pueblo para celebrar los sacramentos. Se reconoce que para que un signo cause la gracia que significa tiene primero que ser inteligible al pueblo que lo celebra (21). Se fomenta la participación activa de los fieles en la celebración a través de varios oficios (acólitos, lectores, etc.), posturas corporales que responden a la acción litúrgica, aclamaciones, canciones y el silencio. (28-31).

El Concilio reconoció la necesidad de adaptar la liturgia a diferentes grupos y rechazó una uniformidad rígida en asuntos que no involucran la fe o el bien de toda la comunidad (37-38). *Sacrosanctum Concilium* ordenó la revisión de los ritos y los textos de la Misa. Recomendó además una homilía en cada Misa para subrayar la importancia de la palabra de Dios en la celebración. Restauró la oración de los fieles, la comunión bajo dos especies en determinados casos, y *la concelebración* o celebración de la Misa por varios sacerdotes. Por último, animó a los fieles a participar plenamente en la Eucaristía a través de la comunión frecuente (47-58). Hoy la Iglesia requiere que los fieles participen en la Eucaristía los domingos y días de fiesta y que reciban la santa comunión al menos una vez al año, si es posible en tiempo pascual (*Catecismo de la Iglesia Católica*, 1389).

La Eucaristía hoy

Una aportación del Vaticano II que ha tenido gran impacto en la celebración de la Eucaristía en nuestros días es la adaptación de la fe a diferentes culturas (*Ad Gentes*, 22). La adaptación de la fe y del culto de la Iglesia a diferentes tiempos y culturas se conoce como *inculturación*. La inculturación litúrgica ha sido muy común después del Concilio y de ninguna manera exclusiva de zonas de misión. Se destaca por la incorporación de los ritmos musicales acompañados por instrumentos locales que le dan a la celebración litúrgica un sabor local y que facilita la participación del pueblo en la liturgia. También va acompañada por formas de predicar que llegan al pueblo y por ornamentos litúrgicos con materiales locales. Por ejemplo, en las comunidades hispanas las homilías suelen ser más largas y didácticas que en las comunidades anglo que suelen ser más cortas y narrativas. A veces en las comunidades hispanas se incorporan dramatizaciones del Evangelio como parte de la liturgia, especialmente en Semana Santa. En otras culturas donde la danza juega un papel importante esta se ha incorporado en la liturgia, especialmente en la procesión del ofertorio.

Durante el pontificado de Benedicto XVI esta tendencia a la inculturación litúrgica ha sido contrapuesta por un retorno a las prácticas litúrgicas preconciliares. En julio de 2007 el Papa Benedicto promulgó *Summorum Pontificum,* un *motu proprio* o documento oficial dirigido a toda la Iglesia por su propia autoridad y firmado por sí mismo, que extendió el uso del misal latino de san Juan XXIII de 1962 que sigue el rito pre-conciliar de celebrar la Misa. Esta manera de celebrar la Misa es popularmente llamada "el rito tridentino." Esta forma de celebrar la Misa nunca fue prohibida por el Concilio Vaticano II, sino que más bien dejó de ser utilizado extensamente después de los años setenta, cuando en 1970 el Misal de Pablo VI o *"novus ordo"* (nuevo orden) fue adoptado. En una carta que acompañó a *Summorum Pontificum* Benedicto XVI recalcó que su decisión de permitir ampliamente el uso del *rito extraordinario de la Misa* no significaba el abandono de las reformas litúrgicas del Vaticano II.

El Papa explicó que su permiso no tenía la intención de remplazar *el rito ordinario de la Misa*, celebrado en lenguas locales y con el sacerdote dando la cara al pueblo, por el rito extraordinario de la Misa, celebrado en latín y con el sacerdote a espaldas del pueblo, ya que el rito ordinario seguía celebrándose más extensamente que el extraordinario. El Papa quería que la celebración del rito extraordinario de la Misa fuera complementario a la celebración del rito ordinario de la misma. También esperaba que su uso ayudara a algunos fieles a volver a la comunión plena con la Iglesia, tal es el caso de aquellos fieles con formación clásica y nostalgia por el rito extraordinario que lamentaban su desuso, o sea los partidarios de Mons. Marcel Lefevbre, y que habían dejado la Iglesia por esta razón.

Sin embargo, muchos interpretaron la decisión de *Summorum Pontificum* como una marcha atrás con respeto a la reforma del Vaticano II. Pero otra forma de interpretarla es como un ejemplo clásico de la consistencia y tenacidad con la cual el Papa Benedicto persiguió aquellas ideas teológicas de las cuales está convencido. Así, fue pensamiento del Santo Padre emérito desde los años setenta que las reformas litúrgicas del Concilio se habían actualizado de manera errónea. No que la decisión de reformar estaba equivocada, sino que su aplicación a veces lo fue, por ejemplo, una inculturación superficial que llegó incluso a traducirse en la celebración de Misas con pan dulce y Coca Cola o en el celebrante disfrazado de payaso al oficiar la Eucaristía para niños.

Benedicto pensaba que el desarrollo orgánico que se había discernido fácilmente en otras reformas litúrgicas históricas —por ejemplo, después del Concilio de Trento por el Papa Pío V—, habían quedado abortadas en favor de una deformación del misal que se utilizaba antes y de una política radical de discontinuidad con lo que existía anteriormente. De acuerdo con el pensamiento de Benedicto, un proceso continuo de crecimiento y purificación había quedado destruido en el Misal de Pablo VI. Por todo lo anterior, se había creado la impresión en el tiempo post-conciliar de que la liturgia era algo que se hace o se crea y no algo que se nos da o que heredamos, algo cuyo cambio radical quedaba dentro de nuestras competencias. Según Benedicto XVI, esta última actitud estaba detrás de muchos de los abusos que se dieron en la celebración de la liturgia post-conciliar.

Conclusión

De la misma manera que la Confirmación, la Eucaristía ha evolucionado a lo largo de la historia. Sin embargo, su esencia remite a la última cena de Jesucristo y su sacrificio de amor en el Calvario. Este sacramento, que es cima y fuente de la vida cristiana, demuestra una continuidad ininterrumpida durante los últimos dos milenios, continuidad que es muy rara y única en la historia humana. En ella el Misterio Pascual se representa de forma preclara y eficaz para aquellos que tienen fe en las palabras de quien la instituyó. Respecto de la manera en la que esta se celebra, es importante mencionar que los creyentes han ido adaptando la celebración de manera variada y humana con costumbres y música local. Así el sacramento por excelencia de la Iglesia se incultura y encarna en la Iglesias locales de todo el mundo. Se convierte en ofrenda amorosa del pueblo cristiano a su Señor y presentándole a su vez lo mejor de su identidad cultural.

Para comentar y reflexionar

¿Cuál de las tradiciones eucarísticas neotestamentarias te parece más adecuada para nuestros tiempos y por qué?

¿Cuál es la enseñanza de Sacrosanctum Concilium acerca de la Eucaristía?

¿Qué sentido tiene la adoración eucarística para nuestros tiempos?

¿Cómo notas que tu comunidad incultura o adapta la Eucaristía para reflejar lo mejor de tu cultura en la celebración litúrgica?

5
LA RECONCILIACIÓN

Introducción

Pasamos de los sacramentos de la iniciación cristiana a estudiar en los próximos dos capítulos los denominados sacramentos de curación, o sea la Reconciliación y la Unción de los enfermos. Se trata de sacramentos que ayudan al cristiano a recibir tanto el perdón de Dios por pecados cometidos después del Bautismo, como la cercanía y el apoyo del Señor en el momento de la muerte o durante enfermedades graves. La Reconciliación, también llamada sacramento de la Penitencia o de la Confesión, tiene una historia interesante. De una celebración restringida y comunitaria que conllevaba penitencias bien severas, ha pasado por momentos en los que se celebró en privado y de manera extendida, hasta su práctica en nuestros días en la que de nuevo se ha vuelto a captar el sentido evangélico de la misericordia de Dios comprendido en este sacramento.

La Reconciliación en el Nuevo Testamento

Las cartas de san Pablo, los primeros escritos cristianos que tenemos, repiten una y otra vez que Jesucristo es nuestra reconciliación con Dios (Rom 5:10, 2 Cor 5: 18-20, Ef 2:14). San Pablo entendía esa reconciliación de manera cósmica, o sea no era solamente una reconciliación para los seres humanos sino para toda la creación, incluyendo todas las criaturas de la tierra y del cielo (Col 1:20-22). El Misterio Pascual logra una reconciliación tan profunda y extensa con Dios que podemos esperar que todo el universo, incluidos nosotros, será una nueva creación en Cristo.

Todos los evangelios, por su parte, narran eventos del ministerio de Jesús que dejan claro su deseo y obra de perdonar pecados, sanar, y reconciliar a pecadores (Jn 20: 22-23, Mt 9:2-8, 16:19, 18:18, Lc 15, Jn 8:1-11). Para el Señor la reconciliación de los pecadores era una dimensión esencial de la plenitud del Reino de Dios que él inauguró. También instruyó a los Apóstoles y a sus discípulos a que hicieran lo mismo. Orden que ellos cumplieron fielmente (Hch 2:38, 5:31, 10:43, 13:38, 26:18). Las comunidades cristianas primitivas tenían como características esenciales la compasión para con los pecadores y la corrección fraterna (Mt 5:23-24, Sant 5:16). Aunque es también verdad que en las comunidades cristianas primitivas se practicaba la excomunión de pecadores intransigentes (1 Cor 5:3-5, 1 Tim 1:19-20).

La Reconciliación en la historia de la Iglesia

En la época patrística temprana (siglos II-III d.C.) se consideraba que se podía conseguir el perdón post-bautismal, pero solo una vez. Así lo afirmaba un documento antiguo, *el Pastor de Hermas* (alrededor del año 150 d.C.). Por dicha razón, la iniciación cristiana se posponía hasta el momento cercano a la muerte. Algunos movimientos cristianos heterodoxos como los montanistas negaban que la Iglesia pudiera perdonar pecados graves como *la apostasía* (renunciar públicamente a la fe), el homicidio y el adulterio. Estos fueron condenados por el Concilio de Nicea (325 d.C.) que ordenaba se reconciliara a los moribundos y se les administrara *el viático* o la santa comunión.

Durante los siglos IV-VI d.C. se desarrolló la práctica de la penitencia canónica. El nombre viene de su regulación por la legislación de varios concilios regionales que promovieron una penitencia pública en la Iglesia. Esta penitencia se administraba una vez en la vida del penitente y requería muestras públicas de la conversión. Se reservaba para los pecados más graves como la apostasía, el homicidio y el adulterio. El penitente recibía una sentencia de excomunión y tenía que dejar la Eucaristía después de la procesión de las ofrendas y al mismo tiempo que los catecúmenos se iban de la asamblea eucarística. Para los pecados menos graves había penitencias menos severas, incluyendo observar ayunos, dar limosnas, aportar dinero para bien de los necesitados, hacer actos de caridad para con los pobres y enfermos, y ofrecer oraciones.

Los que deseaban quedar reconciliados se presentaban ante el obispo y la comunidad y se integraban con el grupo de los que ya habían sido recibidos como penitentes. Una vez que ya habían cumplido su penitencia y demostrado un cambio profundo de corazón, entonces eran reintegrados o reconciliados con Dios y la comunidad por medio de un rito público especial llamado la reconciliación de los penitentes. En occidente se imponía a veces otra penitencia en el momento de la reconciliación pública. Con frecuencia la sentencia era vivir en castidad perpetua. Los fieles rechazaron está práctica y aplazaban la reconciliación hasta que estaban cerca de la muerte.

Durante el siglo VI d.C. la influencia de la Iglesia en Irlanda habría de tener una importante influencia en la manera que se practicaría la reconciliación. La Iglesia celta estaba caracterizada por la influencia monacal o la vida religiosa de monasterios o conventos. Esta influencia hizo que la reconciliación se comenzara a practicar en privado entre un sacerdote y los miembros de los monasterios, práctica que después se abrió a todo laico interesado. Entre las nuevas prácticas que los monjes celtas introdujeron en la reconciliación —mismas que promovieron a través de su actividad misionera a lo largo y ancho de todo el continente europeo—, fue distanciarse de la reconciliación de la comunidad. Se admitía la conmutación de penitencias severas e incluso la redención o la sustitución del pago monetario por la penitencia impuesta. En Irlanda, el ministro de la penitencia podía ser el sacerdote y no solamente el obispo. Los sacerdotes eran guiados en la administración de la penitencia por libros que codificaban el tipo de pecado y su correspondiente penitencia. Poco a poco el ministro del sacramento se convirtió en juez. Durante este tiempo nació también la fórmula de absolución: Yo te absuelvo de tus pecados en el nombre del Padre, del Hijo y del Espíritu Santo.

Durante la Edad Media la reconciliación se convirtió en un acto de satisfacción, es decir, el énfasis radicaba en cumplir con la penitencia impuesta y no en la reconciliación con Dios y la comunidad. También se dio un cambio según el cual la confesión de los pecados cobró una importancia por sí misma y creció la práctica de confesar los pecados a un sacerdote. En los escritos de ciertos teólogos medievales surgió el énfasis en la contrición o la conversión del corazón. Esto llevará a algunos grupos heterodoxos como los albigenses en el sur de Francia a negar la necesidad de la Confesión. Estos sostenían que la confesión sacramental no era necesaria mientras que uno estuviera arrepentido de sus pecados. Esta última posición fue condenada por el Cuarto Concilio de Letrán en el año 1215 d.C. En defensa del papel del sacerdote en la reconciliación surgió la necesidad de obtener la absolución de los pecados a manos del mismo.

En el siglo XIII d.C. santo Tomás de Aquino codificó la teología de la Penitencia subrayando que era un sacramento que consiste en la contrición y la resolución de no volver a pecar, la confesión oral a un sacerdote, la satisfacción o algún tipo de penitencia y la absolución conferida por el sacerdote. El efecto del sacramento es el perdón de los pecados. Está posición fue ratificada por el Concilio de Florencia en el año 1439.

Los reformadores protestantes del siglo XVI d.C. tenían diferentes posiciones respecto de la penitencia. Lutero aceptaba la sacramentalidad de la penitencia, a la vez que le preocupaba que la satisfacción de los penitentes le quitara importancia a la misericordia de Dios. Rechazaba el papel de los sacerdotes en la administración de la penitencia. Calvino era aún más radical y si bien aceptaba la confesión y absolución de los pecados, rechazaba la sacramentalidad de la penitencia. El Concilio de Trento del siglo XVI respondió al ataque protestante contra la penitencia afirmando que la penitencia es un sacramento establecido por Jesucristo y que es distinto del Bautismo. El concilio legalizó aún más la concepción católica del sacramento detallando que la penitencia consiste en contrición, confesión de pecados graves en número y especie, satisfacción y absolución conferida por un sacerdote. El sacerdote tiene que tener jurisdicción, otorgada por el obispo u otro superior religioso legítimo, a fin de que la absolución sea un acto legítimo. El Concilio de Trento también decretó que todo católico llegado a la edad del uso de razón debe confesar sus pecados graves, al menos una vez al año. El Concilio Vaticano Segundo decretó una revisión del rito de la penitencia (*Sacrosanctum Concilium*, 72) que enfatizara la misericordia de Dios y la reconciliación con la comunidad.

La Reconciliación hoy

Desde el fin del Vaticano II se ha venido verificando una disminución en la celebración individual del sacramento de la Reconciliación. Teólogos y pastores debaten a qué se debe esto. ¿Es que acaso estamos perdiendo nuestro sentido del pecado o nos estamos acostumbrando a la celebración comunitaria que el nuevo rito de la reconciliación permite?

Interesantemente, en nuestros tiempos se ha visto otro tipo de celebración comunitaria para pedir perdón y buscar la reconciliación diferente del sacramento de la reconciliación. Me refiero a actos litúrgicos de arrepentimiento y penitencia celebrados por obispos y sacerdotes pidiendo perdón colectivo por pecados cometidos por cristianos en el nombre de la Iglesia. Quizás el más nombrado de estos actos ocurrió el primer domingo de la cuaresma dentro de la celebración de la Eucaristía en la Basílica Vaticana, presidida por san Juan Pablo II durante el Gran Jubileo del año 2000.

Ese día llamado "La Jornada del Perdón" el Santo Padre habló sobre la necesidad de la purificación de la conciencia de todos los miembros de la Iglesia por medio de un examen de conciencia de los pecados cometidos —por muchos años y con la intención de predicar el Evangelio— contra diferentes grupos. En un acto simbólico acompañando de la oración de los fieles se nombró en particular a los pueblos indígenas, a los judíos, a las mujeres, a los que no creen en Dios, entre otros grupos, y se prendieron velas por cada uno de los grupos dolidos por los malos comportamientos de los cristianos del pasado.

A la vez el Santo Padre perdonó aquellos que por su parte persiguieron a los miembros de la Iglesia por su fe. Desde entonces ese bello y humilde acto de san Juan Pablo II se ha repetido de diversas maneras por otros obispos buscando el perdón y la reconciliación por tan diversos delitos como el abuso de menores por sacerdotes hasta la falta de solidaridad de la Iglesia con los que sufrieron persecución y muerte por dictaduras militares, especialmente en Latinoamérica.

Conclusión

La necesidad del perdón y la reconciliación es una necesidad universal de una humanidad caída. Jesús la predicó y practicó al inaugurar el Reino de Dios. El Dios de Jesús es un Padre bondadoso que perdona una y otra vez y busca la reconciliación con sus hijos errantes. Esta realidad de misericordia a veces se nos es difícil de captar, sin embargo, cuando lo captamos puede cambiar radicalmente la orientación de la vida. Puede hacernos cantar conmovidos y agradecidos las palabras del pregón pascual: ¡Feliz la culpa que mereció tal Redentor!

Este mensaje tan básico de la fe cristiana es algo que el Papa Francisco repitió durante su primer mes como obispo de Roma y que fue captado de forma extraordinaria por los fieles. Muchos sacerdotes en Italia y Argentina reportaron aumentos notables de personas que se acercaron al sacramento de la reconciliación y a las celebraciones de Semana Santa después de la elección del Papa Francisco como consecuencia del profundo impacto que tuvo la predicación pontificia sobre la ternura y misericordia de Dios. A pesar de experimentarse un descenso en la práctica de la Confesión en muchas partes del mundo, los creyentes siguen respondiendo al sentido profundo del sacramento que es encuentro sacramental con el Dios de Jesucristo que nos perdona, nos llama por nuestro nombre y nos ofrece otra oportunidad para reconciliarnos con Él y con el prójimo.

Para comentar y reflexionar

¿Notas un progreso en la manera en que la Iglesia ha ido entendiendo el ministerio de Reconciliación de Jesucristo a lo largo de su historia? ¿Cómo explicarías ese progreso?

¿Qué cambios importantes a la manera de celebrar la reconciliación introdujeron los monjes irlandeses?

¿Qué cambios introdujo el Concilio Vaticano II al sacramento de la Reconciliación y cómo se reflejan estos en la celebración del sacramento?

6
LA UNCIÓN DE LOS ENFERMOS

Introducción

El segundo sacramento de curación es la Unción de los enfermos. Mismo que trataremos en este capítulo. Nuestros tiempos han sido testigos de avances médicos extraordinarios, sin embargo, lamentamos que con frecuencia se trate a los enfermos como un problema a resolver y no como personas que sufren su enfermedad y las consecuencias físicas, psicológicas y espirituales que esta conlleva. El sacramento de la Unción de los enfermos es una bella oportunidad para la comunidad cristiana de acompañar al enfermo en la oración con la cercanía y ternura características del trato de Jesucristo para con los sufrientes. La interesante historia de este sacramento pasa por momentos que han enfatizado diferentes aspectos del mismo. Unos tienen que ver con la reflexión sobre ministerio del Señor mismo para con los afligidos, del cual aprendemos que el enfermo no es solo eso, un enfermo, sino que es portador de una gracia especial para la comunidad, o sea que representa al Señor mismo. De esa misma verdad hemos visto con nuevos ojos al sacramento. Es un hecho de que por años se relacionó al sacramento con la muerte, mientras que con el pasar del tiempo —y más en concreto en las últimas décadas— hemos aplicado su gracia inherente no solamente para el caso de los moribundos, sino para todos los que experimentan enfermedades graves.

La Unción de los enfermos
en el Nuevo Testamento

En varios lugares de los evangelios se nos presenta el ministerio de sanación de Jesús. Es parte íntegra de la proclamación del Reino de su Padre, Reino caracterizado por la falta de pecado, injusticia, dolor, sufrimiento y enfermedad (Mc 2: 5-17, Mt 4:24). Tanta es la solicitud del Señor por los que están enfermos que llega a identificarse con ellos, al punto de decir que cuando se visita a un enfermo se le visita a Él mismo (Mt 25:36).

Enviados por Jesús y siguiendo su ejemplo, los apóstoles expulsan demonios, ungen a los enfermos y los sanan (Mc 6:12-13, Mc 16:17-18, Hch 4:12, 9:34, 14:3). Ya en la Iglesia primitiva se recomendaba que cuando había enfermos en la comunidad, se orara por ellos en el nombre del Señor, llamando a los ancianos de la comunidad o presbíteros para que le impusieran las manos y los ungieran (Sant 5:13-15). Es una oración de sanación y de perdón de los pecados.

La Unción de los enfermos
en la historia de la Iglesia

Durante los primeros ochocientos años de su historia, la Iglesia administraba la Unción como un rito para los enfermos. Se tenía en gran aprecio y valor el rito de la bendición del óleo santo por mano del obispo. Tenemos bendiciones especiales para el óleo santo que datan al principio del tercer siglo d.C., por ejemplo, la de *la Tradición Apostólica de San Hipólito*, alrededor del 215 d.C. El óleo santo, sin embargo, no era utilizado solamente por ministros ordenados sino también por los fieles.

El óleo bendecido se utilizaba como unción, o bien como bebida y se entendía que traía bienestar corporal, mental y espiritual.

Durante estos primeros ochocientos años, la unción no estaba reservada a los moribundos. Los primeros ritos de la unción de los enfermos que tenemos son de la mitad del siglo IX d.C. Los ministros del rito son presbíteros, que celebran en presencia de una comunidad congregada. El que ha de ungirse se arrodillaba y era ungido generosamente por todo su cuerpo, especialmente aquella parte más aquejada. En el caso de las mujeres enfermas, la unción la administraban otras mujeres respetadas en la comunidad, muchas de ellas viudas, que ayudaban a los sacerdotes en este y otros ministerios. La ceremonia, acompañada por la comunión, se repetía por una semana.

A partir del siglo IX d.C. y de las reformas eclesiásticas de Carlomagno, emperador del Sacro Imperio Romano-Germánico que ocupaba gran parte de Occidente, la unción queda reservada al sacerdote. En ese momento se elaboran ritos específicos para la ceremonia, mismos que determinan que solamente se debe administrar a los moribundos. Esto marca un importante cambio en la comprensión y práctica de la unción, que ahora se convierte en una ceremonia para quienes se encuentran cerca de la muerte y no para los enfermos. La ceremonia también se asociará de ahora en adelante con la Confesión y se determinará que solamente los que están en estado de gracia podrán recibir la Unción. La Unción ya no es de todo el cuerpo sino de los cinco sentidos. De esta manera se espera guardar al penitente de caer en tentación y en pecado. El sacramento de la unción de los enfermos se convierte así en *la extremaunción*, cosa que no ocurrirá en las Iglesias orientales.

La extremaunción también comenzó a entenderse como un rito de sanación espiritual o perdón de los pecados. La escuela teológica franciscana de san Buenaventura y el escocés beato Juan Duns Escoto mantenían que la extremaunción perdonaba pecados veniales. Los padres dominicos, siguiendo la opinión de los santos Alberto Magno y Tomás de Aquino, pensaban que la extremaunción quitaba los efectos del pecado y cualquier consecuencia que disminuyera la capacidad del alma de disfrutar plenamente de *la visión beatífica* (el encuentro con Dios después de la muerte). Creció la creencia en que morir después de haber recibido la extremaunción quedaba garantizado el viaje directo al cielo.

Comenzando con el Concilio de Trento del siglo XVI notamos un distanciamiento del entendimiento de la Unción como sacramento para los moribundos. Trento declara que la extremaunción es un sacramento instituido por Jesús, cuyo ministro es un sacerdote, y que está ordenado principalmente a los moribundos, pero no exclusivamente a estos. Los papas Benedicto XV y Pío XI del siglo XX promovieron la administración de la extremaunción a aquellos que estaban en probable peligro de la muerte y no solamente en franco proceso de agonía. El Concilio Vaticano II (1962-1965) decretó que el sacramento debía llamarse Unción de los enfermos y que no era solamente para los moribundos (*Sacrosanctum Concilium* 73). El último sacramento que debía administrarse no era la extremaunción sino la comunión o el viático. En 1972 Pablo VI promulgó un nuevo rito para la Unción y la pastoral de los enfermos que distingue entre el cuidado que se le debe extender a los moribundos y a los enfermos.

El rito de la Unción de los enfermos

El nuevo rito reconoce que la enfermedad frustra el plan de Dios para la humanidad, a la vez que de manera singular hace al enfermo, por medio de su enfermedad y sufrimiento, partícipe de la pasión redentora de Jesús. La enfermedad es vista como un ministerio, donde los enfermos le enseñan a la Iglesia las virtudes teologales de la fe y de la esperanza de aquellos que están unidos a la pasión y muerte de Jesucristo y que a la vez son confortados por ella. Por su paciencia, fe, esperanza e incluso alegría en medio del dolor, los que llevan la enfermedad cristianamente nos enseñan cómo cargar con esa cruz.

El sacramento de la Unción de los enfermos puede administrarse de varias formas, incluso como parte de la Eucaristía, e idealmente puede administrarse precedido del sacramento de la Reconciliación. Cuando esto no fuera posible, el nuevo rito recomienda que el sacramento se celebre de forma litúrgica y comunitaria. Como toda liturgia de la Iglesia es una unión de la proclamación de la palabra de Dios y de la celebración del sacramento, este puede celebrarse en familia, en el hospital o en el templo, para un solo enfermo o para un grupo de enfermos. Lo importante es, que si fuera posible, el sacramento se celebre en comunidad para que tanto el enfermo y la comunidad se apoyen mutuamente y reciban los frutos del testimonio de fe del enfermo que asume su enfermedad con esperanza, unido a Jesús quien conoció el sufrimiento y venció la muerte.

Antes de la Unción conferida por el sacerdote, este impone sus manos y ora en silencio sobre el enfermo invocando así la ayuda del Espíritu Santo. Después unge al enfermo en la frente y las manos con el santo óleo de los enfermos diciendo: "Por esta santa unción, y por su bondadosa misericordia, te ayude el Señor con la gracia del Espíritu Santo, para que libre de tus pecados, te conceda la salvación y te conforte en tu enfermedad".

La Unción de los enfermos hoy

Muchas personas temen al sacramento de la Unción de los enfermos porque lo asocian con la extremaunción y con la idea de que la muerte está cerca. Se resisten a recibirlo cuando están seriamente enfermos, ya avanzados en edad, o sintiendo los achaques de la vejez. Sin embargo, para proporcionar el don de la cercanía del Señor en momentos de dolor, el nuevo rito permite que una gran variedad de personas puedan recibir el sacramento, por ejemplo, los que están gravemente impedidos por cualquier enfermedad o vejez, los que van a ser operados por una enfermedad grave, los ancianos débiles, los niños en edad de razón seriamente enfermos, los enfermos inconscientes, los que sufren de enfermedades psicológicas crónicas como la depresión. Sin embargo, no puede ungirse a los que han muerto. Para los recién fallecidos y sus familiares que están presentes, la Iglesia celebra un rito especial llamado la recomendación del alma o la entrega de los moribundos a Dios. Se trata de lecturas bíblicas, oraciones y letanías que ruegan por el eterno descanso del fallecido y la consolación de sus seres queridos en ese momento atormentado de la pérdida de un ser querido.

El sacramento no es un rito de sanación, perdón de los pecados, o de preparación para la muerte primordialmente. Es un sacramento de la revelación del poder salvador de Dios en Jesucristo en medio de una enfermedad grave. A través de la gracia del Espíritu Santo el enfermo es ayudado con el apoyo de la esperanza en Dios, fortalecido contra las tentaciones del maligno y la ansiedad que produce la muerte. Por tanto, el enfermo puede sufrir con valentía y luchar contra la enfermedad. El enfermo puede ser restaurado a la salud después de la unción si le es beneficial para la salvación. Si es necesario, la unción también proporciona perdón de los pecados.

Conclusión

Quizás no haya obra de caridad más grande que el acompañar a alguien en la soledad de su sufrimiento. Demuestra de manera singular que Dios no nos olvida e incluso nos ama y apoya en nuestro gran momento de quebranto físico humano. Siguiendo la enseñanza de su Señor que se identificó de manera especial con los enfermos, la Iglesia desde sus comienzos ha buscado acompañar a los enfermos y moribundos. Ella tomó la iniciativa de crear hospitales para cuidar a los que el mundo considera maldecidos e inútiles. Sus universidades han promovido la medicina y la investigación para erradicar las causas de la enfermedad. Y tampoco han faltado ritos litúrgicos que comunican esa solicitud divina por los doloridos manifiesta en Cristo. Además, su práctica litúrgica tiene una dimensión contracultural que recuerda que el enfermo no es solamente problema médico a curar o caso patético del cual apiadarse. El enfermo creyente es portador de la gracia de la esperanza y paz que solamente pueden brindarnos aquellos que están sufriendo y llevan su enfermedad unidos a la pasión del Señor.

Para comentar y reflexionar

¿Por qué la relación entre el ministerio de sanación de Jesús y el de reconciliación?

¿Por qué se dio el cambio de la Unción de sacramento para los enfermos a sacramento para los moribundos?

¿Estás de acuerdo en que la Unción no debe considerarse un rito principalmente para la sanación, el perdón de los pecados o la preparación para la muerte? ¿Por qué?

7
EL MATRIMONIO

Introducción

En esta última parte del libro y en los próximos dos capítulos que lo concluyen, nos ocuparemos de los sacramentos al servicio de la comunidad cristiana: el Matrimonio y el Orden. Son sacramentos que contribuyen a la salvación propia y ajena. Traen consigo misiones particulares en la Iglesia y sirven para edificar el pueblo de Dios. El matrimonio en particular que tratamos en este capítulo representa la nueva alianza de Cristo con su esposa, la Iglesia. Sin embargo, en nuestros días esta institución de génesis bien antiguo se ve amenazada y cuestionada por actitudes egoístas que potencian el divorcio y uniones entre personas del mismo sexo que van contra la ley natural y la enseñanza de la Iglesia sobre la sacramentalidad del mismo.

El Matrimonio en la Biblia

El concepto que la Iglesia tiene del matrimonio encuentra sus raíces en los relatos de la creación en el libro del Génesis. Allí Dios no ve bien que el hombre que ha creado esté solo y crea a la hembra para que se acompañen (2:18-25) y se multipliquen. Finalmente, Dios bendice su unión (1:28).

En varios libros de las Escrituras Hebreas nos encontramos con referencias al matrimonio y al amor nupcial (Sal 121:2, Dt 24:1, Is 54 y 62, Jer 2-3:31, Ez 16: 62, 23, Mal 2:13-17). Quizás la más famosa se encuentra en el segundo capítulo del profeta Oseas donde este compara a la alianza entre él y su esposa infiel a la alianza entre Dios y el pueblo de Israel. A pesar de esa infidelidad, el amor de Dios para con Israel, igual que Oseas con su esposa adúltera, es tan apasionado que no puede rechazarla.

Jesús profundizó en el concepto hebreo del matrimonio insistiendo en la unidad que existe entre marido y mujer, y condenando el divorcio, que era permitido en la ley de Moisés (Mt 5: 31-32, 19:3-12). El Nuevo Testamento habla del tiempo Mesiánico después de la segunda venida de Jesús en términos de un banquete nupcial (Mt 9:15, 25:1-3, Mc 2:19, Jn 3:29, Ap 19: 7-9) y en la carta de san Pablo a los Efesios se habla de la unión de Cristo con la Iglesia en términos de un matrimonio (5:21-33). Sin embargo, san Pablo prefiere la castidad sobre el matrimonio (1 Cor 7:32-35), probablemente influido por la expectativa del rápido retorno de Jesucristo.

El Matrimonio en la historia de la Iglesia

Desgraciadamente, el tratamiento generalmente positivo del matrimonio que encontramos en el Nuevo Testamento, se pierde en siglos posteriores. El matrimonio se ve más y más como la necesaria justificación para tener relaciones sexuales que son consideradas como manchadas por el pecado. San Agustín asociará la sexualidad con nuestra naturaleza animal, y estipulará que el matrimonio existe para la procreación. Nuestros deseos sexuales son el efecto del pecado original. Las relaciones sexuales son un mal menor que se tolera porque cumplimos con el mandamiento divino de multiplicarnos y porque es una manera legítima de controlar nuestros deseos perversos.

A pesar del pensamiento pesimista que se da en la Iglesia acerca del matrimonio, no debe olvidarse que en comparación con movimientos heterodoxos de la antigüedad y la Edad Media la Iglesia defendió su sacramentalidad y lo consideró bueno. Sin embargo, los maniqueos, los albigenses, y los cátaros condenaban y rechazaban el matrimonio. El Concilio de Trento en el siglo XVI requirió, en contra de la práctica común de aquel tiempo, que el matrimonio se celebrase en presencia de un sacerdote. Sin embargo, también afirmó que la virginidad y el celibato eran un estado de vida superior al matrimonio. Los reformadores protestantes negaron la sacramentalidad del matrimonio y admitieron el divorcio.

El Vaticano II adoptó una teología personalista y bíblica para hablar del matrimonio. Descartó la descripción del matrimonio como un contrato y adoptó el lenguaje bíblico de alianza. El matrimonio quedaba sellado por el consentimiento personal que es irrevocable. Los ministros principales del matrimonio son los esposos y no el sacerdote (*Lumen Gentium* [LG], 48).

El Concilio también rechazó el lenguaje de los dos fines del matrimonio, o sea, la procreación y el amor mutuo entre marido y mujer. Recalcó, sin rechazar el fin de la procreación, que es el amor mutuo entre la pareja y la vida familiar que resulta de este que reflejan el amor del Creador por el mundo (LG 50).

El Concilio ve al matrimonio como un sacramento y no simplemente como una ceremonia que une a dos personas. El Matrimonio es la unión de dos fieles a través de su mutua y libre ofrenda de cada uno para con el otro y en la presencia de Dios representada por la Iglesia y su ministro. Por tanto, el Matrimonio es un acto de oración, expresión de fe, una señal de la unidad de la Iglesia, y un modo que Cristo tiene de estar presente en el mundo (*Sacrosanctum Concilium*, 59). Sin embargo, el Concilio no rechazó la enseñanza del Concilio de Trento que consideraba la virginidad consagrada como un estado de vida más excelente que el matrimonio, por imitación a Cristo como afirman san Mateo (19:11-12) y san Pablo (1 Cor 7:25-26, 38, 40) (*Optatam Totius*, 10).

El rito del Matrimonio cristiano

El sacramento del matrimonio normalmente se celebra dentro de la Eucaristía ya que esta realiza el memorial de la nueva alianza en la que Cristo se unió para siempre a la Iglesia, su esposa amada para cuyo bien fue crucificado. Es de un rico significado simbólico que los esposos se reciban a través de su consentimiento uniéndose a la ofrenda de Cristo por su Iglesia en la Eucaristía. Al comulgar, los esposos forman un solo cuerpo en Cristo. Pero es permitido, especialmente cuando uno de los esposos no es católico y no puede recibir la Eucaristía, que se celebre en una liturgia no eucarística.

Cuando el matrimonio se celebra fuera de la Eucaristía el orden de la celebración se lleva a cabo como sigue: después del saludo del sacerdote o diácono que representa a la Iglesia, se proclama la palabra de Dios que se explica con una homilía. Después de la liturgia de la palabra se pasa a la parte de la ceremonia que constituye el matrimonio, los consentimientos entre los esposos. Sin el consentimiento no hay matrimonio. Los esposos intercambian públicamente votos y así se reciben mutuamente. En esas promesas públicas de auto-donación uno por el otro, los esposos actúan como ministros de la gracia de Cristo y se confieren mutuamente el sacramento del Matrimonio. El sacerdote o diácono presente recibe el consentimiento de los esposos en el nombre de la Iglesia y dan la bendición de parte de la Iglesia, pero son los esposos los que se casan.

El matrimonio encuentra su plenitud en el hecho de que ambos ahora constituyen una sola carne. La Iglesia responde al consentimiento bendiciendo anillos y arras (monedas) que representan simbólicamente el amor, la fidelidad y la puesta en común de bienes que acaban de profesar en el consentimiento los esposos. Sigue la oración de los fieles donde tienen especial mención los recién casados, luego vendrá el Padre Nuestro y, finalmente, la bendición nupcial.

El Matrimonio hoy

Un matrimonio sacramental y consumado es considerado indisoluble por la Iglesia Católica según la enseñanza que recibió de Jesucristo (Mc 10:11-12). Los protestantes y los ortodoxos admiten un segundo matrimonio. La Iglesia no admite divorcios, pero si admite *anulaciones*, es decir, la declaración de que un matrimonio canónico nunca existió entre los contrayentes. Esto quiere decir que hay condiciones que la Iglesia estipula para que un matrimonio se considere sacramentalmente inexistente, dichas condiciones se encuentran anotadas en *el Código de Derecho Canónico* (1095-1103).

Las personas divorciadas que no contrajeron matrimonio sacramental o que no se casaron por la Iglesia, pueden obtener permiso para casarse con un católico según los privilegios paulino y petrino. El privilegio paulino está basado en 1 Cor 7: 10-16 donde san Pablo dice que en el caso de un matrimonio de dos personas que no son creyentes, cuando uno se convierte sin el consentimiento del otro, el cristiano no está obligado a permanecer con el que no es creyente (canon 1143). Entonces el católico estaría libre para casarse sacramentalmente. El privilegio petrino o de la fe permite que el Santo Padre pueda disolver un matrimonio que no es considerado sacramental entre un cristiano y una persona no creyente (canon 1142). El Santo Padre tiene este privilegio por la autoridad de atar y desatar recibida por san Pedro de manos de Jesucristo (Mt 16:18-19). Por todo lo anterior, la Santa Sede ha concluido que, por la naturaleza del vínculo que existe en este caso, es decir, debido a que este vínculo no es sacramental o canónico, se puede disolver, y por consiguiente la parte católica estaría libre para casarse sacramentalmente.

Cuando un proceso de anulación público es imposible, entonces existe la posibilidad de *una solución del foro interno o de buena fe* para quienes han vuelto a casarse civilmente y desean participar en la vida sacramental de la Iglesia. Sin embargo, la solución del foro interno no se trata en absoluto de una solución simplificada o evasión autorizada a una situación matrimonial irregular. Requiere que se cumplan ciertas condiciones bien estrictas, por ejemplo, la persona tendría que reflexionar y orar acerca del asunto y estar convencida de que necesita participar en la vida sacramental, aunque su primer matrimonio haya terminado mal y él o ella se haya vuelto a casar por lo civil. Tendría que estar arrepentido del fracaso del primer matrimonio y dar evidencia de una vida moral según las enseñanzas de la Iglesia.

Además, se espera que la persona honre sus obligaciones para con sus hijos o esposo de su primer matrimonio. Entonces, habiendo consultado a su confesor y si su participación en la vida sacramental no causa escándalo en la comunidad, la persona podría llegar a la conclusión en buena fe y convencido en conciencia que no está cayendo en pecado grave al volver a la vida sacramental y que esto sería para el bien espiritual de la persona y el honor de Dios y de sus mandamientos (*Amoris Laetitia, 299-312, especialmente 300 n. 336, 305 n. 351*). Esta solución del foro interno se admite porque es imposible efectuar el proceso de anulación con el cual la Iglesia suele buscar sanar pastoralmente a matrimonios que han fallado.

En nuestros tiempos muchos matrimonios sacramentales terminan en el divorcio. Es común que los divorciados vuelvan a casarse; con todo, la solución del foro interno, por diversas razones, no es factible para la gran mayoría de estos. La Iglesia reconoce que aun en estas circunstancias las personas divorciadas y casadas de nuevo conservan la fe y desean educar a sus hijos en la misma. Por tanto, la Iglesia se compromete a acompañar a estas personas y a sus hijos con solicitud pastoral característica del Buen Pastor. Siempre respetando la dignidad de las personas a la vez que sigue la enseñanza del Señor acerca de la sacramentalidad e indisolubilidad del matrimonio, la Iglesia los exhorta a participar en esa parte de su vida permitida en cuanto bautizados. Por ejemplo, leer la palabra de Dios, frecuentar la Eucaristía, aunque no puedan comulgar, perseverar en la oración y la penitencia, participar en las obras de caridad y en los esfuerzos de la Iglesia de promover la justicia social, y asistir a los programas pastorales de movimientos eclesiales que se preocupan por las personas divorciadas y separadas (*Catecismo de la Iglesia Católica,* 1651).

Conclusión

Es curioso que a la vez que el matrimonio se encuentra en crisis; con más y más matrimonios —sean civiles o sacramentales— terminando en divorcio, otros, como las personas homosexuales, buscan constituirse en parejas permanentes ordenadas a formar familias y criar hijos. Frente a estas situaciones contemporáneas tan desafiantes la Iglesia busca ser fiel a la enseñanza que recibió de su Señor, y que ve confirmada en la ley natural acerca del matrimonio. O sea, que el matrimonio es el consentimiento que un hombre y una mujer se dan mutuamente para toda la vida estando abiertos a la procreación a fin de formar una familia o una iglesia doméstica. Así los esposos y sus hijos dan testimonio al mundo del amor de Cristo por la Iglesia, de esta nueva alianza, que este sacramento cristiano refleja.

Para comentar y reflexionar

¿Por qué se perdió el enfoque generalmente positivo y neotestamentario del matrimonio en el período patrístico?

¿Cuál es la enseñanza del Concilio Vaticano II acerca del Matrimonio?

¿Por qué se considera a los esposos los ministros del Matrimonio y no al sacerdote o al diácono?

EL ORDEN

Introducción

En este último capítulo abordaremos el segundo sacramento al servicio de la comunidad: el Orden. Por medio de la ordenación de obispos, sacerdotes y diáconos se continúa la misión que Jesucristo confió a los Apóstoles. Se trata de compartir de diversas maneras los ministerios ejercidos por el mismo Señor como cabeza o pastor de su rebaño, o sea, la predicación y enseñanza de la Buena Nueva, la santificación del pueblo de Dios por medio de la celebración de los sacramentos y su pastoreo por el cuidado pastoral y la administración de la comunidad cristiana. El Espíritu Santo por medio de la ordenación confiere un carácter especial a los varones ordenados para que sirvan a la comunidad cristiana como lo hizo Jesucristo el Buen Pastor, con mansedumbre y celo apostólico.

El ministerio ordenado en el Nuevo Testamento

Tertuliano, un teólogo del siglo III d.C., parece ser uno de los primeros que utilizó la palabra *ordo* u orden para describir a todos los clérigos u ordenados, o sea, a los que se les habían impuesto las manos. Probablemente fue influenciado por el Salmo 110:4 y la Carta a los Hebreos (capítulos 5-7) que mencionan el orden del eterno sacerdote Melquisedec. Para Tertuliano, orden se refería a varios rangos de ministros: obispos, presbíteros o sacerdotes, y diáconos.

La Carta a los Hebreos nos recuerda que el sacerdocio de Jesús tiene que entenderse en relación con el sacerdocio judío. Los patriarcas judíos o jefes de las familias o tribus judías, ejercían funciones sacerdotales como la de ofrecer sacrificios (Gén 22:2, 31:54). Con el tiempo surge un oficio sacerdotal con características profesionales en la tribu de Leví que le dará su nombre al sacerdocio hebreo, o sea, el sacerdocio levítico. El profesionalismo del sacerdocio levítico suponía ciertas destrezas, formación y santidad (Lev 19:2, 21:8). El libro del Deuteronomio (33: 8-10) subraya tres funciones del sacerdocio levítico: el discernimiento (1 Sam. 14: 41-42), la enseñanza (Dt 33:10), y el ministerio litúrgico de sacrificios y otras ofrendas (Dt 33:10). En resumen, puede decirse que el sacerdote levítico era un intermediario entre Dios y la humanidad.

El Nuevo Testamento usa la palabra griega *hiereus* (sacerdote) para describir a Jesús (Carta a los Hebreos) y a todos los cristianos (1 Pe 2, Ap 1:6, 5:10, 20:6). El término "sacerdote" empieza a aplicarse a ministros cristianos en el último cuarto del segundo siglo d.C., después de que los cristianos se separan definitivamente del judaísmo y que la Eucaristía se entiende más y más como un sacrificio y su celebrante o presidente como alguien que desarrolla un oficio sacerdotal.

El sacerdocio cristiano combina varios roles: discípulo, apóstol, presbítero o anciano, obispo o administrador, y presidente de la asamblea eucarística. La historia de la organización del ministerio cristiano en la iglesia primitiva comienza con Los Doce o los Apóstoles, quienes ejercieron un liderazgo ministerial misionero, litúrgico, docente y carismático (Ef 2:20, Ap 21:14, Mt 28: 16-20, Hch 1:8, 1 Cor 9:1, 15: -8, Gal 1:1) Los primeros diáconos fueron seleccionados por los Apóstoles en Jerusalén para ayudarles a atender las necesidades materiales de la comunidad. De esa manera libraban a los Apóstoles a fin de que pudieran dedicarse así a la predicación (Hch. 6:1-6).

Las primeras comunidades cristianas se organizaron siguiendo la estructura de la sinagoga, es decir, con un grupo de ancianos, predicadores, y profetas. Al extenderse la Iglesia a sociedades no judías, la estructura de la sinagoga se adaptó a las nuevas tradiciones culturales que se iban encontrando. En las Cartas Pastorales (1 y 2 Timoteo, Tito) vemos una mezcla de oficios en las primitivas comunidades cristianas establecidas por san Pablo de ministros residentes en la comunidad (diáconos, obispo o administrador, consejo de presbíteros o ancianos) y ministros itinerantes (profetas, maestros y apóstoles).

El ministerio ordenado en la historia de la Iglesia

En las cartas de san Ignacio de Antioquía del siglo II d.C. tenemos evidencia de que la estructura organizativa de la Iglesia es compuesta de tres estamentos: *episcopoi* (obispos) *presbyteroi* (sacerdotes) y *diakonoi* (diáconos). En particular se nota que el rol del obispo ha evolucionado. Ya no es simplemente un anciano más que ejerce el papel de administrador de la comunidad, sino el único líder de la comunidad que como el Buen Pastor cuida de su rebaño. Surge entonces el monoepiscopado, o sea, un obispo que pastorea una comunidad y que ejerce jurisdicción sobre todos sus miembros: laicos, diáconos y presbíteros.

En el siglo III d.C. *la Tradición Apostólica de san Hipólito* se refiere al obispo como el sacerdote de la comunidad que es elegido por ella. Este documento litúrgico antiguo menciona la ordenación del obispo con la imposición de manos por otro obispo. El papel del obispo incluye la proclamación de la palabra de Dios, presidir la Eucaristía, y supervisar el ministerio de los presbíteros y los diáconos. El presbítero es ordenado por el obispo, con otros presbíteros imponiendo las manos también. Los presbíteros son comparados a los ancianos elegidos por Moisés (Núm 11:17-25). Los diáconos eran ordenados solamente por el obispo porque servían únicamente a este.

Con el edicto del emperador Constantino a inicios del siglo IV d.C. que establece al cristianismo como la religión oficial del Imperio Romano, el clero recibe privilegios y autoridad que los distingue y separa de los fieles, convirtiéndolos en una casta especial. El Concilio de Calcedonia (451 d.C.) decreta que el presbítero es ordenado para una comunidad en particular y si el presbítero es ordenado sin una comunidad su ordenación era considerada anulada y no podía ser pagado por el estado.

En la Edad Media vemos la fusión del oficio sacerdotal y el oficio real. Los sacerdotes jugarán un papel integral en el sistema socio-económico feudal. Servían no solamente como ministros sagrados sino como oficiales de la corona, por ejemplo, como cobradores de impuestos, encargados del registro civil, etc. El sacerdote comenzará a depender más del señor feudal que de su obispo. Su señor lo seleccionaba y le otorgaba una prebenda o puesto ministerial pagado.

El rito de ordenación del obispo cambiará y reflejará su papel de señor en el orden feudal. Como los reyes, el obispo será ungido con crisma, recibirá anillo y báculo que representan su potestad, y será entronado. Llegará incluso a hablarse de la consagración episcopal y no de la ordenación episcopal, llevando a algunos teólogos a cuestionar si esta consagración era parte del sacramento del orden. El rito de ordenación del sacerdote también cambiará reflejando su papel cultual. Sus manos serán ungidas, se le dará la patena y el cáliz, y una segunda imposición de manos representando su autoridad de perdonar pecados.

Durante la Edad Media se dan varios movimientos de reforma del sacerdocio. Se impone a los sacerdotes el estilo de vida de los monjes, incluyendo el celibato, y un sentido más pronunciado de ser una casta superior y diferente a la de los laicos. La prohibición del Concilio de Calcedonia de que el sacerdote sin comunidad no debía ordenarse quedó superada en este tiempo por la distinción entre la potestad de orden y la potestad de jurisdicción. El sacerdocio ahora se entendía como el nombramiento que le otorgaba al sacerdote el poder espiritual de celebrar la Eucaristía, aunque no tuviera bajo su cargo una comunidad en particular.

Los reformadores protestantes del siglo XVI d.C. negaron que existiese un sacramento del orden. Según ellos solo existía el sacerdocio común o de todos los bautizados. Todo ministerio especializado dentro de la comunidad es delegado por ella. El Concilio de Trento refutó estas declaraciones y afirmó que el sacerdocio ministerial u ordenado era diferente y distinto del sacerdocio común o de todos los bautizados. El sacerdocio ministerial es conferido por el sacramento del orden, la Eucaristía es verdadero sacrificio y existe una jerarquía en la Iglesia establecida por Cristo; jerarquía consistente en obispos, sacerdotes y diáconos. La autoridad y potestad de estos no depende de la comunidad.

El Concilio de Trento inauguró otra reforma del sacerdocio, estableciendo seminarios y enfatizando la espiritualidad del clero. Esta espiritualidad seguía siendo individualista y centrada en una visión cultual del sacerdocio, o sea, el sacerdote como otro Cristo que se identifica personalmente con su sacrificio, especialmente en la celebración de la Eucaristía.

Después del anticlericalismo de la revolución francesa (1789) surge otro movimiento de reforma sacerdotal llamado la escuela francesa de espiritualidad sacerdotal basada especialmente en la espiritualidad de san Vicente de Paúl. La escuela francesa insistía que el sacerdocio de Cristo estaba basado en su divinidad y no su humanidad y que por su ordenación los sacerdotes participan en ella místicamente. El clero comienza a ser visto como gente de iglesia con autoridad y poderes espirituales especiales. La idea de que el sacerdote es un ministro que ejerce un servicio o ministerio a favor de la comunidad, pasa del pensamiento católico y se identifica principalmente con los pastores o ministros protestantes.

Lumen Gentium [LG], constitución dogmática de la Iglesia incluida en los documentos del Concilio Vaticano II (1962-1965) afirma que todos los bautizados participan en el único sacerdocio de Jesucristo y en la misión de la Iglesia (LG 11, 30, 31). Sin embargo, el sacerdocio ministerial y el sacerdocio común de todos los bautizados son diferentes por esencia, aunque relacionados al sacerdocio de Jesucristo. El sacerdocio ministerial consiste en tres estamentos u órdenes sacramentales: el episcopado, el sacerdocio y el diaconado (LG 20-29). Los obispos en conjunto o como colegio son los sucesores de los Apóstoles en su autoridad de enseñanza y jurisdicción (LG 22). En unión con la cabeza del colegio episcopal, el obispo de Roma o el Papa, los obispos tienen completa y suprema autoridad sobre la Iglesia universal. La unión de los obispos entre sí y con el obispo de Roma manifiesta la comunión de las Iglesias que constituyen el Cuerpo de Cristo (LG 23).

El sacerdocio ministerial es una participación específica en el sacerdocio de los obispos, la plenitud del mismo (LG 28). El orden de los diáconos quedó restablecido para hombres casados (el diaconado permanente) y no solamente como un diaconado transicional para sacerdotes (LG 29). Sin embargo, se enfatizó que los diáconos no participan en el orden sacerdotal de la misma manera que los obispos y los sacerdotes. Los diáconos no son sacerdotes como tal sino ayudantes del orden sacerdotal por el ministerio de la proclamación de la palabra de Dios, el servicio en el altar y ministerios de ayuda caritativa (LG 28). El documento del Vaticano II *Presbyterorum Ordinis* [PO], sobre los sacerdotes, decretó que la actividad sacerdotal no puede reducirse a lo litúrgico ya que el sacerdocio de Jesucristo incluye funciones proféticas y de pastoreo (PO 2-6). Se abandonó la distinción medieval entre la potestad de orden o espiritual y la potestad de jurisdicción. El Concilio también promulgó un decreto sobre los obispos, *Christus Dominus*, y la formación del clero, *Optatam totius*.

Los ritos de la ordenación

El nuevo rito de ordenación episcopal se ha modificado para incluir la oración consagratoria de la Tradición Apostólica de san Hipólito del siglo III d.C. Esta subraya varias dimensiones importantes del ministerio episcopal, por ejemplo, la sucesión apostólica o conexión entre el obispo que se va a ordenar y los Apóstoles escogidos por Jesucristo, los varios ministerios del obispo (maestro, sacerdote, pastor) y su sentido colegial, o sea, que por la ordenación pertenece al colegio episcopal. El rito es presidido por un obispo quien es ayudado por otros dos obispos a imponer las manos al ordenando.

El rito se celebra dentro de la Eucaristía y después de la proclamación del Evangelio. Se canta el himno, *Veni, Creator Spiritus*, se presenta al obispo-electo, se lee la carta apostólica de la Santa Sede que lo nombra obispo, y el pueblo expresa su consentimiento con aplauso. Sigue una homilía y la examinación del obispo-electo, la letanía de los santos, la imposición de las manos, la colocación del evangeliario sobre la cabeza del nuevo obispo y la oración de consagración, la unción de la cabeza del obispo-electo con el santo crisma, la presentación del evangeliario y la investidura con anillo, mitra y báculo pastoral. Después se sienta al obispo en su cátedra o trono de autoridad y enseñanza y se concluye con la señal de la paz. La Eucaristía continúa con la profesión de fe y la liturgia eucarística.

La ordenación sacerdotal hace hincapié en la relación colaborativa entre el obispo y el sacerdote. También se celebra dentro de la Eucaristía. Después de la proclamación de la palabra de Dios se llama y se presenta a los candidatos para la ordenación.

El obispo y el pueblo expresan su elección y consentimiento con aplauso. El obispo sigue con la homilía, después de la cual se examina al candidato y se recibe su promesa de obediencia. Se invoca la ayuda de los santos con una letanía y se prosigue con la imposición de las manos, la oración consagratoria y la investidura con estola y casulla, la unción de las manos, la presentación de la patena y el cáliz, y se concluye con la paz. La Eucaristía sigue como de costumbre.

La ordenación diaconal es similar a la ordenación sacerdotal. Al igual que los otros dos ritos de ordenación vistos arriba, la ceremonia ocurre dentro de la Eucaristía. Después de la Proclamación de la palabra de Dios se llama y se presenta a los candidatos para la ordenación. El obispo y el pueblo expresan su elección y consentimiento con un aplauso. El obispo procederá a la homilía, después de la cual el candidato hará promesa de celibato, si no está casado, luego se le examinará para después recibir su promesa de obediencia. Se invoca la ayuda de los santos con una letanía y se prosigue con la imposición de las manos, la oración consagratoria y la investidura con estola diaconal y dalmática (ornamentos litúrgicos propios del diaconado), y la presentación del evangeliario, se concluye con la paz. La Eucaristía sigue como de costumbre.

La Ordenación hoy

En nuestros tiempos, debido a la escasez de sacerdotes y a los cambios sociales, especialmente en el mundo desarrollado —que ha visto a la mujer ejercer importantes roles profesionales fuera del hogar— se cuestiona si pueden ordenarse las mujeres o si deben casarse los sacerdotes. En una carta apostólica, *Ordinatio Sacerdotalis* (1994), san Juan Pablo II dejó claro que la Iglesia no se siente autorizada a ordenar mujeres al sacerdocio. La razón para esto es que Jesucristo no escogió a ninguna entre los Doce y que la tradición perenne de la Iglesia ha sido de reservar la ordenación a hombres. Además, la carta estipuló que la pregunta quedaba cerrada para los católicos, es decir no podía discutirse como una posibilidad que debía considerarse en otro momento oportuno. Sin embargo, no pocos teólogos debaten si la cuestión puede considerarse cerrada cuando no ha sido definida infaliblemente.

Los sacerdotes católicos de los ritos o Iglesias orientales siempre se han casado. También se ha ordenado sacerdotes a anglicanos que ya estaban casados y que se habían convertido al catolicismo. A partir del segundo milenio del cristianismo el celibato se instituyó para los sacerdotes católicos de occidente como parte de las reformas de aquel momento. Se trata de una cuestión disciplinar y no doctrinal que la jerarquía de la Iglesia podría cambiar. Sin embargo, la jerarquía continúa considerando que el celibato, a imitación de Jesucristo, es un elemento valioso para la Iglesia en cuanto que sirve de testimonio de la importancia del Reino de los Cielos y que facilita un ministerio sacerdotal más disponible.

Conclusión

El sacerdocio en sus tres estamentos juega un papel importantísimo en la economía sacramental de la Iglesia ya que es indispensable para la celebración de tantos otros sacramentos. Sin embargo, el sacerdocio ministerial no debe oponerse al sacerdocio de los creyentes ni considerarse superior a este. El sacerdocio ministerial dispone al ordenado a un liderazgo de servicio en imitación de su modelo más perfecto, Jesucristo, el Buen Pastor. El Señor nunca se consideró superior a sus hermanos y nos dio un gran ejemplo en su Última Cena cuando lavó los pies de los Apóstoles, gran acto de humildad y servicio. Hoy en día los ordenados están llamados a servir a sus hermanos en comunidad reconociendo que ellos también tienen dones del Espíritu que son dados para la edificación de la Iglesia. A semejanza de un maestro de orquesta, los ordenados tienen la función de discernir el Espíritu y no de apagarlo, haciendo esto a través de una pastoral de conjunto. Pastoral de conjunto que potencia los dones del Espíritu dados a los bautizados para servicio de la comunidad cristiana y del mundo.

Para comentar y reflexionar

¿Cuál es la relación entre el sacerdocio de Jesucristo y el sacerdocio levítico?

¿Cuál es la enseñanza del Segundo Concilio Vaticano acerca del sacerdocio común y del sacerdocio ministerial?

¿Qué diferencias se pueden encontrar entre la espiritualidad sacerdotal patrística, la medieval, la moderna y la contemporánea?

EPÍLOGO

Los sacramentos de la Iglesia tienen su origen y razón de ser en Jesucristo y su obra redentora. A través de la vida sacramental, la Iglesia busca seguir el ejemplo de su Señor y esposo y compartir con sus miembros la vida espiritual de la nueva alianza que Jesús efectuó para nuestra salvación en el Misterio Pascual. En este libro hemos examinado cómo estos ritos litúrgicos responden a una necesidad intrínseca que los seres humanos tienen por lo divino. En fin, como dice san Agustín, somos creados para Dios y no descansamos hasta que no volvemos a Él. Lo creado, que se encuentra repleto de sacramentalidad, puede convertirse en un sinnúmero de puertas o ventanas hacia el Creador.

Jesucristo empleó elementos simples, como el pan y el vino, y acciones cotidianas, como tocar a los enfermos para sanarlos, y de esta manera tan mundana efectuó la inauguración del Reino de Dios en la vida de sus paisanos. La Iglesia, por su parte, continúa ese ministerio y adopta los gestos y signos utilizados por Jesús para establecer los ritos litúrgicos de los sacramentos. Los sacramentos refieren su origen a Jesús y emplean sus signos y gestos para realizar lo que representan: el agua para lavarnos en el Bautismo, el óleo para sellar la acción del Espíritu Santo y servir de bálsamo sagrado para los sufrientes, el pan y el vino como alimento espiritual que hace al Señor verdaderamente presente entre nosotros, etc.

Nosotros, los latinos, entendemos bien esta economía sacramental. Nuestras culturas han sido influenciadas por el Evangelio y hemos expresado su mensaje a través de una mística o espiritualidad muy nuestra relacionada con los sacramentos y con su sacramentalidad. La religiosidad popular o el catolicismo popular es, desde los tiempos de la primera evangelización de Latinoamérica y hasta nuestros días, nuestra manera de santificar lo cotidiano y llenarlo de significado espiritual.

Nuestro reto consiste en descubrir cómo comunicarle esta rica herencia espiritual a las nuevas generaciones interpeladas por la secularización y por las demás formas del cristianismo, como el pentecostalismo y el cristianismo evangélico, las cuales menosprecian esta forma de espiritualidad sacramental.

Quizás puede ayudarnos en esta tarea pendiente un beato latino poco conocido, el beato Carlos Manuel Rodríguez Santiago de Puerto Rico. Charlie, como era conocido por sus amigos y seres queridos, vivió en la Isla del Encanto en la primera mitad del siglo XX. Enfermizo casi toda su vida, no pudo completar los estudios universitarios, aunque era un voraz lector de gran variedad de materias, y murió de cáncer a los cuarenta y cuatro años de edad. Sin embargo, Charlie tenía un interés por los sacramentos y la vida litúrgica insólito en sus tiempos. En su tiempo la liturgia era considerada propiedad exclusiva del clero.

Sin embargo, Charlie se informó de la reforma litúrgica del Papa Pío XII que restituía la Vigilia Pascual. Su interés en estos ritos antiguos y bellos de la Iglesia se convirtió en espiritualidad sacramental. Charlie se nutría espiritualmente de los símbolos del Misterio Pascual de la liturgia de la vigilia. Y la riqueza espiritual que encontró en ella lo llevo a convertirse en apóstol de la vida sacramental de la Iglesia traduciendo artículos sobre la liturgia y organizando grupos de estudios del mismo tema para laicos. Todo esto antes del Segundo Concilio Vaticano y las reformas litúrgicas de *Sacrosanctum Concilium* que promovieron la participación activa de los laicos en la liturgia. Ojalá que el entusiasmo y la profunda mística sacramental de este apóstol laico latinoamericano de nuestros días nos inspire y motive a compartir lo que hemos aprendido en este librito.

TÉRMINOS IMPORTANTES

Anámnesis Término griego que significa memoria viva o recordatorio que actualiza y hace presente lo recordado. Este concepto judío adoptado por los cristianos primitivos no implica solamente recordar un gran evento del pasado, sino creer que Dios seguía realizando o haciendo presente, o sea representando, esos eventos para toda generación que habría de celebrarlos o recordarlos litúrgicamente. Así pues, la Eucaristía recuerda y hace presente por la fe y la acción del Espíritu Santo el Misterio Pascual.

Anulación Declaración de que un matrimonio canónico nunca existió entre los miembros de una pareja. Es decir que las condiciones que la Iglesia estipula para que un matrimonio se considere sacramental faltaron debido a diversas razones anotadas en el Código de Derecho Canónico (1095-1103).

Año litúrgico La vida, muerte y resurrección de Jesucristo se recuerda y celebra litúrgicamente en la Iglesia a lo largo de un año que no corresponde exactamente al calendario civil. El año litúrgico de la Iglesia está dividido en fiestas y temporadas que celebran diferentes aspectos del Misterio Pascual y que comienza a finales de noviembre con el Adviento, o cuatro semanas antes de la Navidad.

Apostasía Pecado de renunciar públicamente la fe. Junto con el homicidio y el adulterio eran considerados los tres pecados más graves por la comunidad cristiana primitiva.

Bautismo Este sacramento es el fundamento de la vida cristiana y de la vida en el Espíritu Santo (Hch 2: 38). Por medio del agua y en nombre de la Trinidad, el Espíritu Santo nos libera del pecado, nos da nueva vida en Cristo y nos incorpora a la Iglesia y a su misión.

Catecumenado Proceso de instrucción y formación en la fe cristiana que hoy en día ocurre durante la Cuaresma y culmina con la administración de los sacramentos de la iniciación cristiana en la Vigilia Pascual. Su nombre oficial es el Rito de la Iniciación Cristiana para Adultos (RICA).

Catecúmeno Candidato a la iniciación cristiana que siguen un proceso de instrucción y formación en la fe cristiana llamado catecumenado.

Concelebración La celebración de la Eucaristía realizada por varios sacerdotes. Esta práctica con raíces cristianas antiguas fue restaurada por el Concilio Vaticano II.

Confirmación Junto con el Bautismo y la Eucaristía, este sacramento forma parte de la iniciación cristiana que en la Iglesia primitiva se celebraba como una sola ceremonia. En nuestros días y en muchas partes del mundo la Confirmación se celebra después del Bautismo y la Eucaristía por el obispo o su delegado. El sacramento permite comprometerse libremente con la Iglesia y recibir de nuevo los dones del Espíritu Santo a quienes fueron bautizados como niños a fin de que den mejor testimonio de Jesucristo (Lc 12:11-12, Jn 3:4-8, 7:37-39, 16:7-15, 20:22, Hch 2:1-4).

Santo crisma o myron Óleo de oliva perfumado con bálsamo y bendecido por el obispo en la Misa Crismal todos los años durante Semana Santa. En las Iglesias orientales se llama *myrón* y representa al obispo que lo ha bendecido. Se utiliza en la celebración de varios sacramentos, por ejemplo el Bautismo, la Confirmación y la Ordenación. Nos recuerda al Espíritu Santo y nuestra identidad cristiana, o sea, identidad de alguien elegido por Cristo, por el Mesías, el ungido por el Espíritu de Dios.

Crismación Nombre usado en las Iglesias orientales para la Confirmación.

Epíclesis Oración especial que invoca la acción santificadora del Espíritu Santo, por ejemplo, durante el Bautismo para la bendición del agua o en la plegaria eucarística para la institución del sacramento del Cuerpo y Sangre del Señor.

Eucaristía Significa "acción de gracias" y se refiere a la última cena celebrada por Jesucristo antes de su pasión, crucifixión y resurrección (Lc 22:19, 1 Cor 11:24, Mt 26:26). Este sacramento es considerado la fuente y cima de la vida cristiana ya que bajo el aspecto de pan y vino recibimos a Jesucristo mismo, según sus propias palabras en la Biblia (Lc 22:7-20, 1 Cor 11:26, Hch 2: 42-46, Hch 20:7). También suele llamarse popularmente "Santa Misa".

Extremaunción Nombre antiguo para el sacramento de la Unción de los enfermos empleado principalmente en una época en la que se lo consideraba exclusivamente como sacramento para los moribundos.

Fides quaerens intellectum Frase latina del siglo XI de acuñada por san Anselmo de Canterbury que se ha traducido de diversas maneras y que expresa el quehacer de la teología: fe que busca hacerse inteligible, reflexión crítica acerca de la fe, dar razón de la fe, explicar la fe de manera que tenga sentido para el presente.

Fiesta litúrgica Se refiere a un tipo de celebración litúrgica importante, pero menos importante que una solemnidad, donde se recuerda la memoria de algún santo o santa importante para la Iglesia universal, por ejemplo, los Apóstoles. En estas ceremonias se reza o entona el Gloria.

Fisicalismo eucarístico Entendimiento erróneo surgido en la Edad Media según el cual el pan y el vino consagrado se convertían físicamente o materialmente en el cuerpo y sangre de Jesucristo durante la Misa. Con el tiempo y la ayuda del pensamiento de santo Tomás de Aquino, la Iglesia clarificó en el Concilio de Trento que la transformación del pan y el vino en la Eucaristía se daba gracias a una transustanciación, o sea, a un cambio verdadero pero sacramental y no físico, ni material ni visible a los sentidos.

Inculturación Adaptación de la manera de expresar la fe y el culto de la Iglesia a diferentes culturas, especialmente culturas no-occidentales en zonas misioneras. Fue promovido por el Vaticano II (*Ad Gentes* 22).

Lex orandi lex credendi Frase en latín que puede traducirse así: "la regla o ley de la oración determina la ley o regla de fe". Esto significa que, desde muy temprano en la historia de la Iglesia, antes de los primeros concilios o incluso de que se fijaran los libros que componen la Biblia, se oraba como comunidad; existía la liturgia. Y la liturgia era entendida como la celebración daba cuerpo a la fe de la Iglesia bajo su forma de culto.

Limbo Estado intermedio en la vida futura entre el Cielo y el Infierno similar al Purgatorio, donde se pensaba que se encontraban las almas de los niños que habían muerto sin recibir el Bautismo. La teología contemporánea enfatiza la misericordia de Dios para con estos niños y confía en que ellos también disfrutan de la gloria. Por tanto, el limbo es un concepto teológico que ha sido superado.

Liturgia. El culto público y oficial de la Iglesia que incluye los sacramentos, junto con otros ritos aprobados por la Iglesia.

Locus theologicus Expresión en latín empleada para significar un lugar o fuente teológica. Se trata de una fuente privilegiada de reflexión teológica, por ejemplo, las Sagradas Escrituras, la más importante para los cristianos, sin excluir las enseñanzas del magisterio episcopal e incluso la religiosidad popular.

Matrimonio Sacramento que es signo del amor que Cristo tiene por la Iglesia (Ef 5: 25-26, 31-32) en el mundo. El hombre y la mujer contraen matrimonio cristiano al comprometerse por sus votos ante Dios, y con su ayuda, a ser un solo cuerpo por siempre. Y a través de su amor mutuo y de la creación de una familia cristiana dar testimonio del amor de Cristo por su Iglesia junto con sus hijos.

Memorial litúrgico o memoria litúrgica Se refiere a un tipo de celebración litúrgica no tan importante como una solemnidad o festividad, donde se recuerda la memoria de algún santo o santa. Son celebraciones opcionales que suelen ser observadas regionalmente y no universalmente por la Iglesia, por ejemplo, los patrones de diferentes países u órdenes religiosas.

Mistagogia Se trata del tiempo después de la Pascua durante el cual los catequistas le explicaban exhaustivamente a los recién bautizados el significado espiritual de los ritos y de la vida cristiana, mismos que habían estudiado ya durante su catecumenado en la Cuaresma. En particular, se les explicaba el significado de las acciones y símbolos litúrgicos y su relación con la vida en Cristo.

Misterio Pascual La vida, pasión, muerte y resurrección de Jesucristo. Se celebra todos los años durante tres días (el triduo pascual o triduo sacro, Jueves Santo, Viernes Santo y la Vigilia Pascual del Sábado de Gloria) que culminan con la Pascua de Resurrección. Es el fundamento de la fe cristiana y el poder que hace de los sacramentos y la liturgia de la Iglesia instrumentos verdaderos y eficaces de gracia y salvación.

Orden Por medio del Bautismo, todos los fieles participan en el sacerdocio de Cristo o el llamado sacerdocio común de los fieles. El sacramento de orden confía a los obispos, sacerdotes y diáconos la misión y autoridad que Jesucristo delegó en sus apóstoles (Mt 16:18-19, Jn 21: 15-17, 2 Tim 1:6, Tt 1:5, Hch 6:1-7, 20:17). Por este sacramento los ordenados al episcopado, presbiterado y diaconado participan en el sacerdocio ministerial de diversas maneras. Los quehaceres de los ministros ordenados consisten en servir a través de la predicación de la palabra de Dios, del gobierno y santificación de la comunidad en nombre y representación de Jesucristo, líder y cabeza de la comunidad cristiana.

Reconciliación o Confesión A través del arrepentimiento, la declaración de los pecados, el perdón de los mismos gracias al sacerdote, y el cumplimiento de algún acto de penitencia (ayuno, oración, limosna, entre otros) este sacramento facilita la conversión o la vuelta a Dios Padre predicada por Jesús (Mc 1:15, 2:10, Lc 7:48, 15:18, Jn 20:21-23, 2 Cor 5:18-20).

Revelación A lo largo de la historia Dios ha entrado en comunicación con los seres humanos. O sea, Dios se comunica a sí mismo a través de la gracia, de su palabra inspirada y en la historia. Percibimos su presencia a través de diferentes mediaciones creadas. La revelación resplandeciente de Dios, la fuente de toda revelación, es Cristo, mediador y fuente de la revelación de Dios. Aunque Dios se ha revelado de una manera verdadera en la naturaleza y en la historia de Israel, dicha revelación es válida pero incompleta. Pues Cristo es la Revelación plena de Dios.

El rito extraordinario de la Misa La Misa celebrada según el Misal de san Juan XXIII (1962), en latín y con el sacerdote dando la espalda al pueblo.

El Rito de la Iniciación Cristiana para Adultos (RICA) El catecumenado que tiene lugar durante la Cuaresma y culmina con la administración de los sacramentos de la iniciación en la Vigilia Pascual. Fue restaurado por el Papa Pablo VI en 1975 a petición de los obispos del Concilio Vaticano II.

Rito ordinario de la Misa Celebrada según el Misal de Pablo VI (1970), en lengua local y con el sacerdote mirando al pueblo.

Sacramentalidad La idea de que todo lo creado por Dios da testimonio de su Creador y puede servir como un instrumento o puerta para encontrarse y unirse con ese Creador invisible. En este sentido el sacramento principal de Dios es Jesucristo quien nos revela de la manera más completa y fructífera a Dios Padre y Creador.

Sacramento La palabra "*sacramento*" o *sacramentum* en latín corresponde a la palabra griega *mysterion* o "misterio". Esta palabra denomina a todas aquellas cosas materiales que significan o representan una realidad celestial. Para los cristianos el sacramento por excelencia es Jesucristo quien nos revela perfectamente a Dios Padre. La Iglesia reconoce siete sacramentos oficiales que tienen su origen en la vida y ministerio de Jesucristo (el Bautismo, la Confirmación, la Eucaristía, la Reconciliación o Confesión, la Unción de los Enfermos, el Orden y el Matrimonio)

Sacramentos de curación Se refiere a dos sacramentos: la Reconciliación o Confesión y la Unción de los Enfermos. Estos dos sacramentos comunican —por el perdón de los pecados, por la unción y oración por los que padecen enfermedades graves o están cerca de la muerte— el ministerio de sanación de Jesucristo que es un signo de la plenitud del Reino de Dios que vino a iniciar.

Sacramentos de la iniciación cristiana Se refiere a tres sacramentos: el Bautismo, la Eucaristía y la Confirmación que en su totalidad introducen al catecúmeno o nuevo cristiano a una nueva vida enraizada en el misterio de Dios que es Trinidad: Padre, Hijo y Espíritu Santo.

Sacramentos al servicio de la comunidad Se refiere a dos sacramentos: el del Orden y el Matrimonio. Estos dos sacramentos introducen a las personas que lo reciben a una vida de servicio al estilo de Jesucristo y su enseñanza sobre el liderazgo y el matrimonio. Los ordenados (obispos, sacerdotes, diáconos) reciben por el Espíritu Santo y la imposición de manos un carácter y misión especial de servir a la comunidad cristiana en un servicio de liderazgo, especialmente en lo que toca a la predicación de la palabra de Dios y el culto de la comunidad cristiana. Mientras que las parejas que contraen el matrimonio cristiano se comprometen por sus votos ante Dios a ser signo del amor que Cristo tiene por la Iglesia (Ef 5: 25-26, 31-32) en el mundo a través de su amor mutuo y la creación de una familia cristiana con sus hijos.

Sacrosanctum Concilium Documento del Concilio Vaticano II (1962-1965) que afirmó la centralidad de la liturgia en la fe y vida cristiana. También propuso cambios importantes para la celebración de los sacramentos a fin de que fueran simplificados y expresados en ceremonias más comprensibles al mundo contemporáneo, por ejemplo, la celebración de los sacramentos en lenguas vernáculas o locales y no solamente en latín.

Sensus fidelium Expresión original del latín que significa el sentido de la fe de los fieles o creyentes. La práctica del cristianismo llevada a cabo por sus creyentes, por ejemplo, entre los hispanos, la religiosidad popular o el catolicismo popular.

Solemnidad litúrgica Se refiere a un tipo de celebración litúrgica de gran importancia por su relación con Jesucristo, por ejemplo, el Domingo de Resurrección o la Navidad. La liturgia celebrada suele ser más larga e incluye la proclamación de tres lecturas y el rezo de más oraciones como el Gloria y la profesión de fe.

Solución del foro interno o de buena fe Cuando un proceso de anulación público es imposible, entonces existe esta posibilidad para los que han vuelto a casarse civilmente y que desean participar en la vida sacramental de la Iglesia. Requiere que se cumplan ciertas condiciones bien estrictas que después de la consulta con un confesor lleven a la persona a concluir que se podría inferir de buena fe y en conciencia que no se está cayendo en pecado grave al volver a la vida sacramental y que dicho regreso sería para el bien espiritual de la persona y para el honor de Dios y de sus mandamientos.

Teología litúrgica Rama de la teología que se preocupa por los significados profundos que los sacramentos comunican a través de su celebración, o sea, mira a los ritos —oraciones, símbolos y gestos sacramentales— que forman parte de las celebraciones litúrgicas de los sacramentos

Teología sacramental Rama de la teología que estudia cuestiones teológicas sobre la naturaleza de los sacramentos y controversias relacionadas con estas a lo largo de la historia.

Transubstanciación Término teológico empleado para hablar de la manera en que Cristo está auténticamente presente en la Eucaristía. Fue perfeccionado por santo Tomás de Aquino en el siglo XIII D.C. y afirmado por el Concilio de Trento en el siglo XVI d.C. la transubstanciación se refiere al cambio que ocurre en el pan y el vino durante la institución de la Eucaristía. La verdadera presencia de Cristo se da en el pan y el vino de la manera que el alma está presente en el cuerpo. O sea, de una manera metafísica o en la forma de la substancia de los elementos. La apariencia accidental o visible del pan y del vino no cambia y sigue apareciendo como pan y vino. Sin embargo, por la acción del Espíritu Santo y según las palabras de Jesucristo, la constitución o identidad profunda e invisible de los elementos es transformada en la presencia verdadera de Jesucristo, su cuerpo y sangre. No se da pues una transformación material o física del pan y el vino, sino un cambio sacramental o metafísico de su identidad o constitución profunda.

Unción de los enfermos Este sacramento continúa el ministerio de curación de Cristo que le encargó también a los Apóstoles y sus sucesores (Mc 16:17-18, Mt 6:12-13, Sant 5: 14-15). A través de la oración y de la unción con aceite de oliva bendecido, el cristiano que está gravemente enfermo o cerca de la muerte recibe la gracia para enfrentar sus tribulaciones con paz y esperanza en el Señor y acompañado por las plegarias y la solicitud de la comunidad cristiana.

El viático Santa comunión para los moribundos.

Visión beatífica El encuentro con Dios después de la muerte de los creyentes en estado de gracia.

RECURSOS PARA SEGUIR APRENDIENDO

Documentos del magisterio sobre la liturgia y los sacramentos:

- *Amoris Laetitia*. Exhortación Apostólica del 2016 del papa Francisco sobre la familia. (Consultado el 8 de abril del 2016)

- *Sacrosanctum Concilium*. Carta magna de la reforma litúrgica del Concilio Vaticano II, http://www.vatican.va/archive/hist_councils/ii_vatican_council/documents/vat-ii_const_19631204_sacrosanctum-concilium_sp.html.

- La segunda parte sobre los sacramentos del *Catecismo de la Iglesia Católica,* http://www.vatican.va/archive/catechism_sp/index_sp.html.

- *Redemptionis Sacramentum*. Una instrucción del 2004 de la Congregación para el Culto Divino y la Disciplina de los Sacramentos de la Santa Sede sobre cosas que se deben seguir y evitar cuando se celebra la Santa Misa, http://www.vatican.va/roman_curia/congregations/ccdds/documents/rc_con_ccdds_doc_20040423_redemptionis-sacramentum_sp.html.

- *Sacramentum Caritatis,* Exhortación Apostólica del 2007 de Benedicto XVI sobre la Eucaristía, http://www.vatican.va/holy_father/benedict_xvi/apost_exhortations/documents/hf_ben-xvi_exh_20070222_sacramentum-caritatis_sp.html.

- *Verbum Domini,* Exhortación Apostólica del 2010 de Benedicto XVI sobre la palabra de Dios, especialmente los 52-71 que tratan sobre la palabra de Dios y la liturgia, http://www.vatican.va/holy_father/benedict_xvi/apost_exhortations/documents/hf_ben-xvi_exh_20100930_verbum-domini_sp.html

Videos y páginas web sobre
la liturgia y los sacramentos:

- Los videos cortos de Monseñor Zenn de Detroit sobre los sacramentos en YouTube. Estos videos son en inglés, http://www.youtube.com/watch?feature=player_detailpage&v=MDqeKqYFDYU.

- La página web de la Conferencia Episcopal Norteamericana (USCCB) sobre la oración y el culto. Esta página web es principalmente en inglés, pero tiene algún contenido en español, http://www.usccb.org/prayer-and-worship.

- La página web de la Conferencia Episcopal Norteamericana (USCCB) sobre el matrimonio en español, http://www.portumatrimonio.org.

- Los videos de arquitectura litúrgica del Dr. Denis R. McNamara en YouTube. Estos videos son en inglés, http://www.youtube.com/watch?feature=player_detailpage&v=2PDWXMMgy9c.

Libros y revistas sobre
la liturgia y los sacramentos:

- La revista *Actualidad Litúrgica* de los jesuitas mexicanos (Editorial Obra de la Buena Prensa) sobre la pastoral litúrgica.

- Joseph Martos, *Doors to the Sacred: A Historical Introduction to Sacraments in the Catholic Church,* (Liguori Publications, 2001).

- James Empereur, SJ and Eduardo Fernández, SJ, *La Vida Sacra: Contemporary Hispanic Sacramental Theology,* (Lanham, MD: Rowman & Littlefield Publishers, 2006).

CPSIA information can be obtained
at www.ICGtesting.com
Printed in the USA
FFOW05n1753260117

9 780764 827457